凯尔特神话图鉴

精灵魔法与英雄魔幻风云录

[英] 迈克尔·克里根 著

王丽蓉 胡妮 译

西苑出版社
XIYUAN PUBLISHING HOUSE

金城出版社
GOLD WALL PRESS

·北京·

Celtic Legends by Michael Kerrigan

Copyright © 2016 Amber Books Ltd, London

Simplified Chinese edition copyright © 2025 Xiyuan Publishing House Co., Ltd., an imprint of Gold Wall Press Co.. Ltd.

All rights reserved.

本书一切权利归西苑出版社有限公司 金城出版社有限公司所有，未经合法授权，严禁任何方式使用。

图书在版编目（CIP）数据

凯尔特神话图鉴 /（英）迈克尔·克里根著；王丽蓉，胡妮译. -- 北京：西苑出版社有限公司：金城出版社有限公司，2025.3. -- ISBN 978-7-5151-0972-5

Ⅰ.K560.8

中国国家版本馆 CIP 数据核字第 2024D3M677 号

凯尔特神话图鉴

作　　者	[英]迈克尔·克里根
译　　者	王丽蓉　胡妮
责任编辑	许　姗
责任校对	岳　伟
责任印制	李仕杰
开　　本	710 毫米 × 1000 毫米 1/16
印　　张	15
字　　数	216 千字
版　　次	2025 年 3 月第 1 版
印　　次	2025 年 3 月第 1 次印刷
印　　刷	小森印刷（北京）有限公司
书　　号	ISBN 978-7-5151-0972-5
定　　价	59.80 元

出版发行	西苑出版社有限公司　金城出版社有限公司
	北京市朝阳区利泽东二路 3 号 邮编：100102
发行部	(010) 84254364
编辑部	(010) 64214534
总编室	(010) 88636419
电子邮箱	xiyuanpub@l63.com
法律顾问	北京植德律师事务所 17600603461

CONTENTS

目　录

导　语	凯尔特人	001
第一章	凯尔特宇宙观体系	025
第二章	阿尔斯特战争	061
第三章	芬尼安传奇	129
第四章	马比诺吉昂	163
第五章	"到荒野去"	207
第六章	凯尔特遗产	221

导语

凯尔特人

凯尔特传说极具特殊性，交织着阴谋诡计与魔法力量、爱情与战争、荣誉与耻辱、荣耀与苦痛，以及家族世仇，既近在咫尺又遥不可及。

爱尔兰人总是说，仙灵*一直都在——他们存在于另一个领域，但又与凡俗世界的日常生活密切关联；他们的存在既是对"现实"生活的奇怪映射，也是对"现实"生活的神秘诠释；他们是仙女、祖灵、神祇、鬼魂，或许还有更多，或许什么也不是；他们所处的异世界与现实世界的爱尔兰近在咫尺，因而总是不断相互交融，就像他们那建在黑暗而隐秘的小山丘上，却总是被推到耀眼阳光下的家园一样；他们总是在夜深人静时出现，突然从山丘上俯冲下来，把最有前途的人类孩子带回去和他们一起生活，或者把最漂亮的人类女子选回去做他们的妻子；他们的善意可能会成就某些人，而他们的嫉妒则可能会伤害人类的生命；他们的祝福或诅咒可以决定某个人类家族的命运。

在某些"阈限"时刻，两个世界相互接触，人类似乎能在现实的日常生活中感知到仙灵的存在：魔法得以发挥作用，幻觉得以变成现实，想象和感知得以相互重叠。在朦胧的晨曦或夕阳的余晖中，触手可及另一个世界的感觉是如此之强烈；在令人兴奋的节日喧嚣中，正常的规则全然失效，仙灵似乎在某些时刻才会现身，也似乎总是出现在某些地方——树丛、树篱、山坡、溪流或池塘，他们的存在使这些地方频频闪现神秘的预兆。19世纪末，诗人威廉·巴特

* 爱尔兰神话中的一个种族，类似于精灵和小仙子，也可以表示他们居住的山丘。本书将这一词译为仙灵或者仙丘。——译者注

左页图 凯尔特神话中掌管自然、动植物、生育的神塞努诺斯。塞努诺斯这种头上长着鹿角的健壮男子形象，充分反映了凯尔特人与大自然之间深厚的亲密关系。

勒·叶芝试图捕捉仙灵在爱尔兰乡村和爱尔兰人的意识中的神秘角色，以及他们带来的既迷人又令人不安的美：

远在罗西斯岬角边，
月光的浪潮冲洗着
朦胧而灰暗的沙滩；
我们彻夜地踏着脚，
把古老的舞步编织；
交缠着眼神和手臂，
一直到月亮已飞逃；

右图 报丧女妖。她正在某个爱尔兰村庄的上空号啕大哭，把即将有人死亡的信息从彼世带给人间。

我们往返地跳跃着，
追逐着飞溅的水泡，
而人世却充满烦恼，
正在睡梦里焦灼着
……

格伦卡湖上的山里
漫流的泉水四处涌；
杂草丛生的水池子
难得沐浴到一颗星；
从年轻的溪水之上
滴泪的蕨草丛深处
悄悄地把身子探出，
我们找沉睡的鳟鱼；
在它们的耳边低语，
给它们不宁的梦想。
……

——《被偷走的孩子》（1889）
译本节选自《叶芝诗选》，傅浩译

下图 在昏暗的天空下，海浪冲击着丁格尔湾海岸。这是一个灵界和人间相互交会的地方吗？

如今，以城市人口为主的爱尔兰有完善的社会服务，在知识经济中追求繁荣和幸福。而令爱尔兰人感到困扰的，往往是那些在现代社会中普遍存在的问题，诸如就业没有保障、家庭破裂、成瘾、犯罪，等等。今天，仙灵只存在于那些自然和超自然叙述，既千奇百怪又激动人心的故事中，那些关于几乎已被世人所遗忘的传统、梦境和神灵生活的故事中。很多时候，我们很难想象，有人居然曾相信仙灵的存在——似乎古老神话的存在本身就是一个神话。只有在那些最为遥远的西部边陲，只有在月明之夜置身于令人迷失的湖泊、寂静的溪流或不祥的泥沼旁，我们才能找到存在另外一个世界的最微弱的迹象。这些迹象大多被人忽视，但从未完全消失，也未彻底被遗忘。

边缘优势

丁格尔湾的荒凉海岸线、梅奥的广袤沼泽地和多尼加尔的沙丘，对爱尔兰城市居民而言就如同爱尔兰本身对整个欧洲大陆的意义。即使在英国，爱尔兰也被视为遥远的地方，在很多方面与英国格格不入。几个世纪以来，爱尔兰似乎是一片荒野之地，一个遥不可及的地方。爱尔兰的大部分地区被排除在了"文明之地"之外——所谓"文明之地"，指的是殖民首都都柏林附近的地区，因为盎格鲁-撒克逊人成功地在这里强行建立了殖民政权。在这片秩序井然的"文明之地"以外的地方，延展出了一片神秘的——也许是可怕的——处于无政府状态的领地。在这片领地里生活着一个部落，这个部落里的人们讲着一种野蛮的语言。曾经为赤裸裸的殖民主义辩护的爱尔兰，现在只剩下最温和的屈尊俯就——但人们仍然觉得爱尔兰是一个与众不同的地方。这里不仅充满了不羁的活力，而且充满了激情、吟游诗歌和歌谣，更是满载着神秘和魔力。换句话说，这是一个真正属于"凯尔特人"的地方。

威尔士也是如此。被英国人野蛮征服后的七百多年以来，威尔士民族虽然受到了压制，但从未被彻底征服过，因而在文化表达方面一直保持着独立性。他们一直都在通过语言、吟游诗歌、舞蹈和

左图 在神秘的夕阳余晖中，矗立在西班牙加利西亚的那些动人心魄的石头似乎依然守护着凯尔特人的秘密。

歌谣等艺术手段抵抗盎格鲁-撒克逊人的占领。时至今日，相对于苏格兰政治民族主义而言，威尔士民族主义更倾向于明确表达其在文化领域的独立性。苏格兰的这种意识形态驱动力反映了其中部地带城市的后工业社会结构，而讲盖尔语的西部高地和岛屿会给我们一种截然不同的感觉。在夏日的暮色中，站在赫布里底海岸上看着一轮红日缓缓沉入西边的大海，我们仿若被带出了当今世界，穿越到了一个更加古老而迷人的时代。当我们坐在遥远的康沃尔海湾的岩石间时，或者漫步于布列塔尼某个僻静海滩的宁静沙滩上时，我们也会体验到这种置身于现世之外的感觉。在某些方面，威尔士和康沃尔与犬牙交错的法国西北角地区似乎有着更多的相似之处，西班牙西北部的加利西亚亦如此。

所有这些地方，由于其文化独立性及偏僻的地理位置，或多或少都会给我们一种与现代主流生活方式格格不入的感觉。这些国家和地区都位于各自大陆的西部边缘，且都位于欧洲的外缘地带。因此，它们被统称为"凯尔特边缘"，不但有着浓厚的神秘色彩，还有着独特的心理地理特性。就像破晓和黄昏时分一样，这些神秘的海岸似乎也是一种"阈限"：在它们之外的地方，只有一望无际的大西洋，或者说，只有神秘莫测的深渊。

在它们之外的地方，只有一望无际的大西洋，或者说，只有神秘莫测的深渊。

导语
凯尔特人

性情中人？

如此描述是否过于夸张，就像在爱尔兰一样，普通人过着基本和欧洲其他国家的人无异的生活。的确，我们可以说，凯尔特诸国就是现代文明的"映射"，而这正是凯尔特文明的魅力之所在——现代文明迫切希望世界上存在某些更为古老而不那么井井有条、更为浪漫而抒情的地方。就此意义而言，"凯尔特人"本身就是一个神话，一种由祖辈代代传下来的理念。在先辈们看来，这个由英勇的战士、睿智的女性、激情四射的诗人和浪漫的恋人所组成的种族所体现的，是一种古老的、似乎早已失传的价值观；充满激情、诚恳待人的凯尔特人所代表的是一种温暖的、发自肺腑的"心"的存在方式。而如今，人们的"心"似乎已经被冷酷而精于计算的"头脑"所支配。

种族和文化

现代民族志研究始于十九世纪。当时，用"种族"来考量各个民族似乎是一件再自然不过的事情。各个民族有各自的特点。这些特点是某个种族形成的核心因素，不仅包括身体素质，还包括气质，甚至天赋。尽管就其本身而言，这是合乎逻辑的，而且最初源于一种纯粹的学术研究动机，但是，这样的思考充其量只会导致某种偏见。（当然，最糟糕的是，它将使在非洲、亚洲和美洲进行的殖民扩张及最终的纳粹大屠杀合法化。）身材结实强壮的条顿人为人稳重且办事有条不紊，与热情多变的南欧人及敏感而抒情但基本上不可靠的凯尔特人形成了鲜明对比。

然而今天，整个种族概念的可靠性受到了质疑：基于DNA（脱氧核糖核酸）的研究已经将这种仅仅基于偏见的"科学"彻底推翻。事实证明，"凯尔特人"的种族认同是一个极具争议的问题：现在尚不清楚，以前被归入这个种族的那些人彼此之间是否真的有着那么大的基因关系。事实上，只要我们稍加思考，就会明白为什么会这样。考古学家所告诉我们的关于凯尔特社会的一切表明，而由精英分子发起的凯尔特社会的扩张模式更是证明了这一点：无论去到哪里，某个首领和他的追随者们都会把他们的一切强加于被他们征服的民族。这样的社会是基于征服者的态度和价值而形成的。由此可见，某个人是否应该被归为"凯尔特人"，这主要取决于他的文化属性，而与他的血统并没有多大关系。

或者，用二十世纪的心理学家西格蒙德·弗洛伊德的话来说，更具威胁性的是，受潜意识支配的那些隐秘"本我"的黑暗而汹涌澎湃的欲望从未被消灭过，只是暂时被"自我"的有序理性所掩盖和控制罢了。因此，人们对凯尔特人的看法充满了矛盾。而且，这种矛盾心理可以追溯到远古时代。然而，也正因如此，凯尔特神话和文化的述说无比接近于我们，虽然如此陌生，却仿若从我们的灵魂深处喷涌而出。

凯尔特人究竟是谁？他们是如何获得这种半传奇地位的呢？又是如何营造这种代表着我们更狂野的一面、令人不安的气氛的呢？这些问题的答案既复杂又相当不完整——我们可能永远无法完全理解凯尔特神话在现代生活中所代表的模糊角色。但是，任何一种解释都必须追溯到远古时代。

欧洲大陆的"另类"

公元前390年7月18日，一个乌云密布的夏日，在罗马城东北近郊的旷野上，执政官马库斯·波皮利乌斯·莱纳斯向他的军队发表了一番讲话。列队站在执政官面前听他讲话的，是经验丰富、受过良好训练且纪律严明的老兵。他们身经百战，在与周边城市无休止的战争中练就了一身过硬的本领和非凡的勇气。正是因为他们的奋战，罗马共和国才在拉丁语系诸国中取得了当时的卓越地位。然而，马库斯·波皮利乌斯·莱纳斯警告他们，这一次的情况与以往大不相同：他们即将面临的，是更令人不安的危险。"我们即将对付的敌人，不是一旦战败就会与我们结为盟友的拉丁人或萨宾人，而是一群野兽。战剑已出鞘！如果不能将敌人干掉，我们必将血染沙场！"不过，这几句话并非马库斯·波皮利乌斯·莱纳斯的原话，而是出自近四个世纪后的罗马历史学家利维笔下。我们虽然无法确定他当时具体说了些什么，但他似乎极有可能用这样的方式表达了自己的意思。如果说马库斯·波皮利乌斯·莱纳斯对凯尔特人的评论明显带有我们今天所认为的种族主义的味道，那么，我们不妨想想，罗马大军究竟为何没能守住他们的防线。凯尔特人几乎将整个古罗马文明毁于一旦。

右图 对于凯尔特人来说，没有哪座罗马神殿是他们不敢攻击的神圣之地，也没有哪位牧师是他们不敢屠杀的尊贵人物。

凯尔特人几乎摧毁了铸就古罗马文明的一切。

罗马人溃不成军，凯尔特人如入无人之境地冲进了罗马城，开始了一场疯狂的掠夺和破坏。仅存下来的最后一批罗马士兵只能无助地躲藏在卡比托利欧山上。对于那些惊恐万状的罗马民众来说，凯尔特人看上去确实像一群横冲直撞的恶狼：他们不仅仅在罗马城里大肆奸淫杀戮，还推倒了纪念罗马历史的纪念碑，并销毁了记录罗马历史的文件。总而言之，他们几乎摧毁了铸就古罗马文明的一切。

罗马城受到了凯尔特人的野蛮掠夺，罗马共和国蒙受了奇耻大辱，这一切深深地烙在了西方世界的意识之中。也许，正是因为这一事件，历史记录中才有了凯尔特人的存在；也正是因为这一事件，凯尔特人在人们心中的形象一直延续至今。一直以来，凯尔特人都被视为西方精神中的一种桀骜不驯、不受约束的"异类"，他们是一股黑暗而不守秩序的力量，一股历经数百年的文明、理性和现代性而遗留下来的、似乎潜藏在井然有序的表象之下的力量。

当然，这种看法可能在两方面发挥作用：一方面，古典时期的一些作家认为，凯尔特人邪恶、野蛮、低人一等；而另一方面，有些人——比如著名的历史学家塔西佗——则认为，凯尔特人令人钦佩、独立自主、不屈不挠，拥有一种"文明"社会早已失去的自由精神。然而，这些都只是他们的一己之言，因为他们谁都不曾尝试真正理解凯尔特人。

> 对于这个最神秘的民族，我们到底能了解些什么呢？

罗马人最终凭借其强大的力量将凯尔特文化横扫出欧洲大部分地区，所以，我们周围的一切，无论建筑和科学，还是政治、法律和语言，都在不断提醒我们罗马人对现代文明所做出的巨大贡献。就某些层面而言，这种看法是正确的。正如俗话所说的那样，历史是由胜利者书写的。同样，我们也继承了罗马人对几个世纪以来一直在欧洲占据着主导地位的凯尔特文化所持的偏见。然而，可以说，就其对现代文明所做出的贡献而言，凯尔特文化和古罗马文明同样重要。

凯尔特编年史

要是凯尔特人用文字记录下了他们的历史，我们就可以借此更好地了解他们。但是，凯尔特人在历史上的大部分时间里没有属于自己的书面文字——似乎，凯尔特人所信奉的宗教禁止他们使用任何书面文字。而且，凯尔特人的名声妨碍了我们对其真实情况的了解。那么，对于这个最神秘的欧洲民族，我们究竟能了解些什么呢？幸运的是，有人发现了一份考古记录。这份记录不仅提供了一定数量的信息，还提供了对古典文献的批判性评论。有了这样的关键评论，我们就可以把这些著作视为真正有用的、有价值的来源。虽然很多事情仍然无法解释，但我们至少可以根据这些不同的记录粗略地勾勒出凯尔特人的历史——他们是真实存在过的民族。

高山地区的文化遗迹

奥地利哈尔施塔特村庄上方的崇山峻岭中有一条荒凉的沟壑，这里有一座盐矿。据记载，这座盐矿似乎早在远古时代就被开采过——十八世纪之后的现代矿工们在该盐矿蜿蜒曲折的坑道中陆续发现了大量的史前遗迹。大约三千年前，古代矿工们在这些坑道里留下了各种各样的东西，而这些东西由于其所处矿藏中所含有的大

量盐分而得以以某种化学方式保存了下来。古代矿工们头戴带有流苏的皮帽——这样的帽子在他们干活时可以在一定程度上保护他们的头部，他们用云杉和松树的嫩枝扎成火把来照亮这些黑暗的迷宫般的坑道，用骨哨发出信号来保持彼此之间的联系。他们用镐头和木槌将盐矿劈开，尽力用扁平的木铲把盐铲起来，再把铲好的盐堆放在随身携带的皮口袋里，然后把这些袋子运到一个中心竖井的井底，将其倒进一个个大木桶里，最后借助用树皮拧成的绳索把这些木桶拖到地面上。这里不但发现了奇迹般保存完好的器具，甚至还发现了古代矿工们留下的食物。这些发现表明，他们可能经常要在地下度过很长一段时间。

研究人员估计，即便从地表挖到盐层，也需要连续不断地挖掘两三年；显然，无论这座矿是什么人开的，他们都考虑了更为长远的问题。这项开采工程的规模非常壮观：考古学家在哈尔施塔特发现了长达4千米的史前画廊，其中有1.6千米延伸到了大山深处，其深度约为300米。那些最早建立这座矿场的企业家以及矿场周围兴起的工业社区是我们所知的最早的凯尔特聚居点之一。因此，早期的凯尔特"哈尔施塔特"文化是考古学家们经常谈及的话题。

上图 奥地利哈尔施塔特村出土的一具骨架的复制品。这具骨架可能源自公元前六世纪。

铁器时代的技术进步

正是由于掌握了炼铁技术，中欧才得以在公元前第一千年的早期经历了一场古老的工业革命。借助于铁制工具，人们能够砍伐森林、开垦土地、收割农作物。与此同时，还发明了木材加工时使用的锥子和凿子、建造房屋时使用的锤子和钉子，以及用于烹饪的铁刀和铁锅。当时发明的工具使用起来非常之得心应手，所以在自那以后的几个世纪里大多没什么变化；而且，在今天的木工、木匠和其他手工艺者们所使用的工具中，我们仍然能找到这些工具的影子。学会制造铁轮胎时，凯尔特铁匠所制造的铁轮胎比车轮稍小，这大大提升了机动性。通过这种方式，轮胎在加热膨胀后滑过车轮，然后在冷却下来之后牢牢抓住轮辋，从而实现了轮胎与车轮之间的完美契合。甚至有证据表明，凯尔特人曾在后来被罗马人征服的许多土地上修建了道路——有人在这些地方发现了铺有树干的复杂道路。近几百年以来，古罗马工程师们因其筑路技术而备受尊敬。但在很多情况下，他们所做的一切，不过是在凯尔特人当初修建的公路上铺上石头路面罢了。武器装备方面也有了很大改进，特别是钢出现之后——钢的高含碳量使其具有更高的强度和耐用性；凯尔特人将铁环环相扣，制造了世界上第一件锁子甲。在几乎每一个技术领域中，凯尔特人都是积极的创新者：他们首次将玻璃制造技术带到中欧地区，也是第一批在阿尔卑斯山以北地区使用陶工轮的民族。

左图 这只美丽的青铜手镯上装饰有珐琅盘和彩色玻璃。

尚武精神

这些勤劳而富有创造力的凯尔特人似乎与其浪漫主义的刻板印象相去甚远,但这并不意味着这种广为流传的假设是完全错误的。相反,事实上,中欧的技术和经济发展为武士文化的出现提供了支持。

古代历史学家的证词足以证明这一点。古希腊历史学家狄奥多罗斯·西库鲁斯在公元前一世纪写道:"凯尔特人身材异常高大,白皙的皮肤之下遒劲的肌肉线条隐约可见。他们不仅天生一头金发,还利用各种人工方法来彰显这种自然赋予他们的独特发色。他们总是用石灰水洗头发,把头发从前额梳到头顶,再向后梳到脖颈……有些凯尔特人会剃掉腮颊上的胡须,但其他人蓄有较长的络腮胡;贵族通常把腮颊上的胡须剃去,但会把上唇部的胡须蓄起来,直到足以遮盖住他们的嘴部。"他注意到,凯尔特人携带的盾牌"有一人大小",且"个性十足",其中一些盾牌上刻有做工精良的青铜动物雕饰。他还写道:"他们头戴刻有大大的雕饰图案的青铜头盔,这种头盔会使佩戴者显得很是高大。有的头盔上装饰有尖角,有的头

右图 图中的盾牌融合了凯尔特人最重要的两大特征——好战、精湛的手工艺。

盔上刻有鸟类或四足动物前半部的雕饰。正如曾先后在高卢和不列颠与凯尔特人有过接触的古罗马作家兼将军尤里乌斯·恺撒——他在公元前55年远征过不列颠——所指出的那样，凯尔特人的战斗风格和他们的外表一样华丽。他写道："不列颠人每次在战斗开始时都会驾着战车沿着整条战线猛掷标枪，战马嘶鸣声和车轮滚滚声所产生的恐惧就足以使敌军队伍陷入一片混乱……通过日常训练和练习，他们掌握了高超的驾车技术，即使在陡坡上也能瞬间控制住全速奔驰的战马，并随时让战马停下来或者调转方向。他们能够围着车辕跑，站在车轭上，像闪电一样快速地回到战车上。"

这样的叙述不仅说明凯尔特人中有许多广受赞赏的能工巧匠，而且暗示了凯尔特人看待自己的方式：他们崇尚个人英雄主义，而非一支纪律严明的战队。罗马军团的战士们身穿同样的盔甲，这种装扮不仅标明了他们作为"罗马士兵"的地位，也标志着他们在军队中发挥的职能。凯尔特战士的穿着打扮则更加彰显他们的个人威望。当然，我们应该谨慎对待这些古老的资料：这样的描述即使表面上看来是在赞誉这些中欧和西欧的"本地人"，但也往往暗示我们，他们在战场上终究只是一群勇敢（或者鲁莽）但缺乏纪律性的乌合之众。另一方面，凯尔特人所崇尚的，似乎的确是一种高度个人主义的武士精神。就这方面而言，他们让我们想起的，似乎是荷马时代的英雄主义精神，而非声势浩大的古希腊步兵方阵或训练有

左图 这款令人惊叹的手镯将自然元素和几何形状融为一体，体现了凯尔特人崇尚"杂交"的审美观。

右图 这枚做工精良的金项圈上刻有颇具风格的龙首，凸显了佩戴这种项圈的凯尔特勇士高超的战斗技能。

素、协调一致的古罗马军团——当然,这种比较也可能会让古典评论家们误入歧途。

炫耀性消费观

身份地位对凯尔特人极为重要,正如希腊作家波西多纽斯所言:"当一大群人聚餐时,他们通常围坐成一个圈,最有影响力的首领坐在最中间,就像合唱团的领唱一样。而某个人能否坐上这个位置,则完全取决于其在作战技能、家庭的高贵程度或财富等方面是否超过了在座的其他人。"

凯尔特人对葡萄酒和宴席的热爱众所周知,但这显然不只是单纯的饕餮,而是因为举办盛宴是大张旗鼓地炫耀权力和财富的方式之一。

制造于欧洲东南部的某个地方,但在丹麦出土的贡讷斯楚普大锅(the Gundestrup Cauldron)堪称凯尔特人的艺术杰作。这口可以盛装好几加仑葡萄酒的大锅上装饰着许多种极具凯尔特文化特征的银器:牵着公羊的神,骑在大鱼上的男人,被猎犬簇拥着的女战士,等等。在有钱人举办的盛宴上,把这样一口大锅摆放在餐桌中央,是再合适不过的了。佩戴奢侈的饰物是另一种令人印象深刻的炫耀方式,也是凯尔特人的一个重要嗜好,正如狄奥多罗斯·西库鲁斯所描述的那样:"他们(凯尔特人)积攒了大量黄金。女人用黄

右图 这枚以狩猎为主题的金胸针表明,凯尔特武士中的精英阶层深为喜爱奢华而休闲的生活。

金制作装饰品，男人也用黄金制作装饰品。他们的手腕上戴着金手镯，胳膊上戴着金臂环，脖子上戴着沉甸甸的金项圈，手指上戴着巨大的金戒指，甚至穿着金胸衣。他们身上所穿的服装也十分引人注目——上身穿着染成五颜六色、绣有各种精美图案的衬衫，下身着他们称之为布拉卡（Braccae）的马裤，外面披着用金质别针固定在肩部的条纹披风。冬天的披风较为厚重，夏天的披风则较为轻薄，披风上装饰有紧密交织、色调各异的方格纹图案。"

　　某些墓穴里的惊人发现也证实了凯尔特人的奢侈嗜好。在这些墓穴里，重要人物的陪葬品中有着数量惊人的黄金。考古学家在德国霍赫多夫的古墓中发掘出了大量珍宝，包括精美的珠宝、含有黄金的匕首及一些大型物件，如大型马车、青铜沙发床和大锅等。法国东部的一处墓穴——墓穴主人可能是维克斯的凯尔特公主——出土了大量陪葬品：不但有一条重达一磅（约450克）的金项圈，还有刻有栩栩如生的动物及其他令人惊叹的精美装饰的吊坠。也许，更有趣的是，陪葬品中还有一个巨大的青铜调酒大鼎，其设计容量约为1250升，装饰极为华丽——但不是拉坦诺风格那般华丽。大鼎颈部有斯巴达风格的武士、战车和其他装饰。似乎早在希腊商人从其殖民地马赛沿罗纳河逆流而上之时，中欧的凯尔特人就和他们有所接触了。

左图　图中的青铜调酒大鼎出土于法国东部的维克斯"公主"墓。这样的大鼎摆放在任何宴会的餐桌中央都是一件引人瞩目的器物。

向外扩张

不难想象，掌握着各种资源——无论是矿藏资源、农业资源还是陆上贸易资源——的凯尔特精英们过着怎样一种惬意而奢华的生活。不过，他们也必须时不时地英勇作战。而且随着时间的推移和人口的增长，他们必须时刻准备前往别的地方，以确保继续将这些资源牢牢地掌控在自己手中。这大概就是有些凯尔特群族在大约公元前六世纪末开始纷纷涌入欧洲各地的原因。

其根本原因很简单：凯尔特首领必须通过维持某种生活方式来维持自己的地位，且必须用牛、土地和奢侈品等礼物换取跟随者们的忠诚，所以，他必须征服、掠夺新的领地并最终定居于此。随着这样的扩张，凯尔特人很快越过毗邻的阿尔卑斯地区，进入了现在的德国南部和法国东部；再从那里继续向西越过了法国，并向南进入了西班牙。根据古典文献资料的记载，他们先是与原本居住在这些地区的伊比利亚人展开了战斗，但最终与他们融为了一体，并共同创造了一种全新而独特的"凯尔特"文化。一些凯尔特族群则翻越阿尔卑斯山脉进入了意大利北部，当然，包括那些蹂躏罗马的劫掠者。凯尔特人虽然从未占领过意大利，但在意大利半岛上生活了一个多世纪，且有相当数量的凯尔特人定居于波河流域。他们以此为基地，定期往返于北部的定居点和南部各地之间：春季离开定居点南下，夏季对南部各地发起突袭，秋天满载而归，冬季休整。

湖畔的秘密

凯尔特人铁器文化的第二阶段，即拉坦诺文化因发现于瑞士纳沙泰尔湖畔拉坦诺镇遗址而得名，其风格极为华丽。人们在此处的浅滩上发现了显然被故意丢弃的剑、矛和其他武器，也许是在其主人死后被丢弃的。其中许多物品上都装饰有大量我们熟知的凯尔特风格的饰物，如S形纹、螺旋纹和圆形纹等对称型图案的树叶和动物造型。当然，我们没有理由认为这个特殊的湖泊就是我们称之为"拉坦诺文化"的中心——人们只是碰巧于1857年首次在此处发现了这些灿烂的宝藏罢了。但是，这些宝藏的确代表了被凯尔特人带往欧洲各地的极其丰富而精雕细琢的美学思想。

有的凯尔特族群似乎在公元前四世纪沿着多瑙河流域向南迁移，最终在现在的塞尔维亚、匈牙利和罗马尼亚定居了下来。公元前323年，伟大的征服者亚历山大大帝去世了。他开创的帝国随即陷入四分五裂的境地，仅仅维持了很短时间便土崩瓦解了。对于凯尔特人来说，这简直就是天赐良机——他们发现，自己所面对的，不再是一个强大的帝国，而是一个群龙无主、摇摇欲坠的政体，这个政体实际上已无力应对他们的强大攻击。然而，与此同时，意大利北部的凯尔特人也面临着压力：罗马不再是一个弱国，而已经成为一个军事强国。一些学者认为，这与其说是把巴尔干半岛变成了真空地带，倒不如说是把凯尔特人从罗马人称之为"阿尔卑斯山南边的高卢"的土地上赶了出去——就其字面意思而言，这片土地指的是高卢，或者盖尔人或凯尔特人的土地——并迫使他们向东南方向迁徙，越过斯洛文尼亚进入多瑙河下游。无论出于何种原因，公元前279年，一支庞大的凯尔特军队突然横扫色雷斯，并进入了希腊北部。

下图 一个正计划搬迁的凯尔特族群。由于必须不断地开发新的领地，凯尔特人不得不向外扩张。

*希腊德尔斐神庙阿波罗神殿门前的三句石刻铭文："认识你自己""凡事勿过度""承诺带来痛苦"。——译者注

上图　图中这处山顶居住点位于加利西亚的圣特克拉，是在西班牙西北部发现的众多凯尔特人居住点之一。

凯尔特大军因洗劫德尔斐神庙并杀害神庙中的女祭司而引起了一场轩然大波，这丝毫不亚于他们早些时候在毁灭罗马古城时所造成的震荡。希腊的辉煌也许早已过去，但此时仍然代表着文明，德尔斐神谕*更是远近闻名。（公平地说，凯尔特人在这样的突袭中所展现出来的，绝非其最文明的一面，尽管关于他们吃婴儿肉、喝婴儿血的说法肯定有些言过其实。）希腊人击退了凯尔特大军发起的强力进攻，但有些凯尔特族群一直推进到了达达尼尔海峡北岸，并在此安营扎寨。（两千年后，一些被视为这批凯尔特人后裔的人在伊斯坦布尔建立一个名为加拉塔萨雷的足球俱乐部，以此纪念他们的祖先。）最具有冒险精神的凯尔特族群甚至越过了小亚细亚。他们以掠袭者的身份来到这里，然后留了下来，充当本地各领主的雇佣兵。有些凯尔特人更是永久地定居在了土耳其中北部一个后来被称为"加拉提亚"的地区——这样的地名与"凯尔特人"和"高卢人"有着显而易见的关联。三个世纪后，他们的后裔收到了一封来自圣保罗的使徒书并因此皈依了基督教。

逐渐边缘化

如今，我们总是把凯尔特人与欧洲最偏远的大西洋边缘地区联系在一起，这在很大程度上只是历史的偶然性所造成的结果：正如我们在前面所讲述的那样，凯尔特文明起源于欧洲大陆的心脏地带。事实上，尽管罗马帝国没有留下任何遗迹，但是，几个世纪以来，它一直统治着从伊比利亚半岛到巴尔干半岛的所有区域。由于罗马帝国的势力在整个欧洲地区大肆扩张，各凯尔特部落被迫撤退到了我们现在将其与之联系在一起的边缘地区。尤利乌斯·恺撒在《高卢战记》中详细描述了他与法国高卢人的战争，并记录了后者的风俗习惯及其在艺术和手工艺方面的各种技能。他把筑有坚固防御工事的凯尔特人居住点称为"奥皮达"，即罗马语中的"城镇"。这些地方的确是相当大的居住中心区。在尤利乌斯·恺撒对凯尔特人展开围攻期间，阿瓦利库姆（今法国布尔日）为4万人提供了避难所。

贡讷斯楚普大锅

十九世纪末，贡讷斯楚普大锅发现于丹麦的一处偏僻的泥炭沼泽中。这只令人叹为观止的容器由银片压制而成，表面刻有吹响的号角、献祭的场景、精致的动物造型及其他更类似于人类的造型，其中包括塞努诺斯，他头顶鹿角，一只手拿着一条象征男性生殖器的蛇，另一只手则拿着一枚象征女性生殖器的戒指。这口大锅不但展示了凯尔特文化的辉煌，也体现了凯尔特文化的审美观及其产生的广泛影响。专家们相信，贡讷斯楚普大锅出自欧洲东南部的某个地方——很可能是巴尔干半岛——的工匠之手，却出现在了遥远的北欧，这有力地证明了凯尔特世界的奢侈品贸易的规模之大。（大锅上的动物造型还包括看起来像豹子、大象和鬣狗的动物。这表明，凯尔特人的贸易往来最终可能扩大到了更远的地方。）贡讷斯楚普大锅由七枚外接片、五枚内接片外加一个底盘组成。被人们发现时，这口大锅被埋藏于地下，且各个内外接片被刻意拆解后小心翼翼地堆放在底盘上。显然，贡讷斯楚普大锅大概是在某个战争或其他危机时期被故意拆开后埋在这里的。

上图 发现于丹麦的贡讷斯楚普大锅。

凯尔特部落被迫纷纷撤退到了欧洲大陆的边缘地区。

在和平时期,这些地方不但是众贵族的家园,也是繁荣的工匠社区和商人社区,还是周围农村社区的市场中心。作为一名战士,尤利乌斯·恺撒对高卢人在他们的定居点周围所建造的防护墙非常感兴趣,称之为"高卢墙"。这些城墙以木料为框架,外部覆盖着一层粗糙的石头,内部塞满泥土和碎石。这样的墙体既富有柔韧性,又非常坚固。

尽管高卢人的防御工事十分坚固,高卢战士也一如既往地英勇善战,他们却无法长期抵抗罗马帝国这样的"战争机器"。在罗纳河谷阿凡尼部落的首领维辛格托里克斯的领导下,高卢人进行过激烈抵抗,并曾一度几乎打败入侵者。但是,借助精锐的罗马士兵和他自己的战术才华——再加上好运气——尤利乌斯·恺撒渡过了难关:战事发生了逆转,高卢人的抵抗遭到了残酷镇压。在德国,凯尔特人也遭到了镇压——公元前15年,一支罗马军队开进了现在的德国境内,几乎没有遭到什么抵抗。在西班牙,对凯尔特伊比利亚人的镇压是极其残酷的,包括一系列的围攻和屠杀,其中最臭名昭著的是公元前134年的努曼蒂亚围攻。不屈不挠地坚持了一年之

下图 经过一场极为激烈的围攻,古罗马人于公元前52年占领了位于阿瓦利库姆(今法国布尔日)的高卢人居住中心。

古凯尔特语的分化

一直以来，让任何古老民族为他们自己发声都非易事。但就凯尔特人而言，这无疑是一项更加艰难的任务，原因在于：首先，凯尔特人拒绝创建任何形式的文字记录；其次，在凯尔特人曾经分布的大部分地方，凯尔特文化已被几近尽数抹杀。凯尔特人的一些话语被转录成拉丁文，然后被镌刻在了罗马碑文中。但是，在大多情况下，凯尔特人以给地方命名的传统方式口口相传他们的文化。而这种方式也许更不可靠，因为时间的流逝可能会吞噬一切。

最古老的凯尔特语族起源于凯尔特人最初居住的中欧地区，现在被称为南阿尔卑高卢语，但后来似乎逐渐分化了。现代学者们已经确定了多个各不相同的凯尔特语族。西班牙和葡萄牙出现了一个独立的语族，被统称为凯尔特伊比利亚语，尽管现在还不清楚这个语族与加利西亚地区所说的加拉西亚语有多么密切的关系。（在那个大量旅行、商贸活动和通信往来都是通过海上进行的年代，由于众多崎岖山脉而与卡斯蒂利亚腹地切断了联系的加利西亚并不像我们现在所认为的那样完全属于伊比利亚半岛。）然后出现了现代法国、比利时、德国西部和意大利北部大部分地区使用的高卢语，而且，这种语言最终向东、南传到了斯洛文尼亚和土耳其的加拉提亚。正如我们所料，不列颠（英格兰、威尔士和康沃尔）和法国的布列塔尼等地的人似乎讲着不列颠语，但苏格兰、爱尔兰和马恩岛的人又讲着一种讲不列颠语的人难以听懂的语言——他们的方言属于现在被称为戈伊迪利的语族。

当然，考虑到凯尔特人在罗马帝国时代受到了残酷的排挤，后来又被迫居住到了偏远的地方，且他们的文化焦点十分本地化，这样的语言分化毫不奇怪。

后，凯尔特伊比利亚人的抵抗最终演变成了一场嗜食同类的暴力狂潮。即便如此，古罗马史学家阿庇安仍然不无赞赏地指出：许多凯尔特伊比利亚人宁愿选择自杀并亲自手刃自己的家人，也不愿落入罗马人之手。

尤利乌斯·恺撒并未在公元前55年继续入侵不列颠。但是，公元43年，克劳迪亚斯大帝统治下的古罗马人再次入侵了不列颠，并在接下来的几十年里占领了除极北地区以外的所有地方。虽然卡拉塔克斯

右图 这座位于桑坦德的雕像充分展现了凯尔特伊比利亚文化的典型特征。凯尔特伊比利亚部落曾广泛分布于西班牙北部的坎塔布里亚一带。

上图 彪悍好战的凯尔特人终究还是被罗马军团驯服了：正如亨利-保罗·莫特在1886年所描写的那样，维辛格托里克斯向尤利乌斯·恺撒投降了。

许多人宁愿选择自杀并亲自手刃自己的家人，也不愿落入罗马人之手。

和王后布迪卡分别于公元47年和公元60年发起了反叛，但这样的反叛更具戏剧性，而非真正的军事行动。公元80年左右，凯尔特皮克特人在苏格兰的蒙斯格劳普斯战役中与罗马军团进行了最后决战，但此战以当时的罗马统帅尤利乌斯·阿格里克拉的大获全胜而告终。

就这样，各凯尔特族群被限制在了欧洲大陆最偏远的西部边陲，他们的传统也在以拉丁语为基础的后罗马文化中被边缘化了。总有人在不断提醒我们，最早为现代文明打下了各种基础的——从语言到法律，从雕塑到城市规划——是古罗马人。凯尔特人被古罗马人赶到了欧洲大陆最偏远的西部边陲，同样地，凯尔特传统也遭到了各欧洲教会和国家机构数百年来维持的后罗马文化共识所排挤。于是，凯尔特人膜拜的众神祇以及他们的神话在欧洲传统和文明中被极度边缘化了。

几个世纪过去了，这种字面意义上的颠沛流离赋予了强烈的隐喻色彩。如今，在我们的心目中，凯尔特人是一个有着诸多问题的存在。他们生活在传说中，却又真实地存在着；他们和我们有着截然不同的价值观和人生观；他们的形象及故事动人心魄；他们既是人类群体中数量最为庞大的"另类"，也代表着我们内心深处的自我。也许正因为如此，存在于凯尔特人记忆深处的种种神话现在似乎才得以如此直接地——有时如此令人不安——与我们展开对话，即便这些神话被后来的传说传统所掺杂，或被最初写下它们的基督文士的假设和偏见所影响。

尽管希腊神话和罗马神话或许在将"西方文化"的基本假设神圣化方面非常重要，但这种官方文明中始终暗藏着一个可怕的弱点，即诸多的不满情绪。没有什么能比凯尔特传说更生动、更令人信服地代表现代生活的"另一面"。

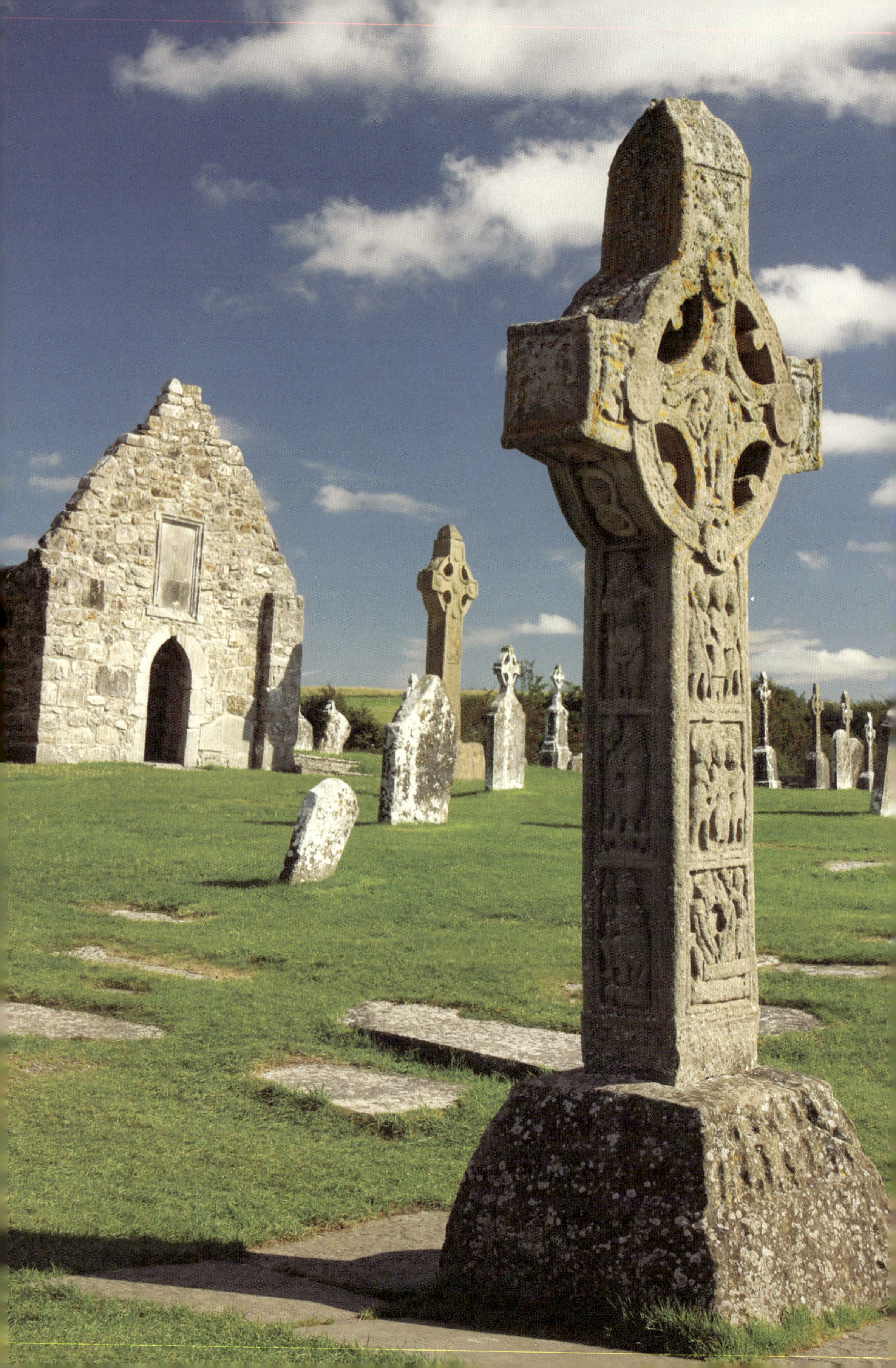

第一章

凯尔特宇宙观体系

古典评论家们对"宗教仪式"在凯尔特人生活中的核心地位深感震惊，与此同时，他们也难以理解这样一种没有留下任何书面经文、雕像或神殿的宗教信仰。

一层薄雾遮住了头顶的天空，天空之下，暴雨击打着山坡，狂风肆意吹打着山坡上那些青绿色的斑驳草和黄褐色的欧洲蕨。对于那些正从山脊向山下观望的惊恐万状的过路人来说，山坡上的景象似乎已经够凄凉了。但是，如果继续往下看，他们将看到一片令他们感到厌恶和恐惧的怪诞景象：覆盖着谷底的，是一大片披着华丽外衣、相互挤来挤去的黑色魅影，它们扭动着，就像一只只蠕动着的巨型甲壳虫。那是一群渡鸦，它们把地面染成了一片黑色。但是，当渡鸦疯狂地相互推挤、争相啄食时，站在山脊上向下观望的人们在它们不停扭动的黑色身影之间瞥见了一抹抹灰色、白色、金色、青铜色和红色。渐渐地，惊恐的旁观者总算看清楚了，那些可怕的、万花筒般的颜色所代表的，竟然是曾经的战场。那一堆又一堆残破的铠甲、苍白的肌肤、裂开的伤口、扭曲的四肢，就是惨遭杀戮的阿尔斯特青年所留下的一切。

对于那些拍打着翅膀、呱呱怪叫、不停用爪子攫取食物、贪婪地从地面上的一具具残肢破体上爬过的鸟儿，这些观望者心里对它们的身份从未有过任何疑问。渡鸦是战争女神摩莉甘的象征（我找不到更好的词来表达），尽管它所代表的意义远远超越了宗教象征或诗歌隐喻的范畴。然而，这种关联包含了两层意思，因为摩莉甘

左图 科隆麦诺亚（爱尔兰语为"Cluain Mhic Nóis"，意为诺亚儿子们的草地）修道院修建于544年。虽然凯尔特艺术后来与基督教象征主义有着千丝万缕的联系，但早期的凯尔特人所奉行的，是一种与基督教信经截然不同的教义。

下图 古罗马人并不了解德鲁伊进行的种种宗教仪式,但是,德鲁伊对凯尔特高卢人所产生的影响仍然令古罗马人担心不已。

既是鸟,又是女人,既象征着一种富有想象力的信念,又代表着一种残暴的毁灭性力量。同时,她也是一种创造性力量——死亡也是生命轮回中极为重要的一环:已经死去的腐肉在渡鸦的身体里孕育着新鲜的血肉,从而获得了新生,所以,摩莉甘也是一位强大的繁育女神,象征着永不凋谢的生命力。她是一位独特的女神,可以化身为许多种不同的形象:她也许会幻化成一只孤独的渡鸦,独自盘旋于硝烟弥漫的战场上空,以恐怖的啼叫声向人类发出死亡的预兆;她也许会幻化成一群食肉剥骨的食腐动物,就像上文所描述的那样。对于乐观的泛神论者来说,数字似乎并没有太大意义。根据异教传统的某些说法,摩莉甘也是三位一体的摩根勒菲,一个嗜血的、可以变身的三姐妹组合。巴德、玛恰和尼曼通常被描述为渡鸦或者专吃腐肉的乌鸦,她们的名字也因各地的传统而异。

026

凯尔特神话图鉴

异教悖论

尤利乌斯·恺撒曾指出,"整个高卢民族都非常热衷于宗教仪式"。但高卢人的宗教仪式不一定与古罗马人的宗教仪式有多大关联,与现代的宗教仪式更没有多大关联。如今,许多人声称自己信奉"凯尔特"精神,但他们实际上对凯尔特宗教的日常运作一无所知。变化多端的摩莉甘就是很好的例子:把她称为"女神"或"神祇"有失公允,因为她的本性太过复杂,难以捉摸。许多神祇仍然存在于经久不衰的凯尔特神话中,而摩莉甘只是其中之一。因此,德鲁伊或者祭司的重要性不仅仅在于他们知道应该用什么样的方式、用什么样的祭祀品安抚这些神祇,还在于他们知道该在什么时候种植和收割庄稼、什么时候外出狩猎。此外,他们还要履行许多社会职能,如医生、顾问和各种纠纷的判决者,等等。所以,古罗马人极度不信任德鲁伊,认为他们是造成社会不稳定的根源。尽管古罗马作家对德鲁伊最令人发指的所作所为——在午夜集会上用活人祭祀——进行的指控似乎得到了贡讷斯楚普大锅上所描绘的图景的支持,但是,他们对这些凯尔特牧师进行的相关描述一直以来都是获得德鲁伊活动信息的主要来源,这无疑是非常不幸的。

对于今天来说,情况更加复杂。即便凯尔特人曾经是独立的民族,但随着其在欧洲的扩张,情况也很快发生了变化;再后来,他们被迫撤退到偏远的欧洲西部边陲,孤立而遥远。例如,摩莉甘是

上图 华丽的贡讷斯楚普大锅上的图景。图景中间所描绘的,是正列队走过的全副武装的战士;图景左边所描绘的,是正在进行的活人祭祀。

爱尔兰传说中的一个重要人物，其他凯尔特地区的神话传统中也有类似的人物。大约两千年前，在我们的开篇场景设定之时，摩莉甘的起源就已消失在了远古时代。她的名字很古老，源于印欧语系，而几乎所有的现代欧洲和近东语言，不仅仅是凯尔特语，也都源于印欧语系。它的第一个音节明显来源于单词"mer"（意为"死亡"——当然，我们由此得到了法语单词"mort"以及英语单词"mortality"）；它的第二个音节来源于"reg"（意为"引领"，因

右图 《凯尔斯书》的封面。我们能够从中领略到出自凯尔特工匠之手的手工艺品之复杂及精美程度。

要有光

具有讽刺意味的是，一系列精心制作的基督教文本中的某些经文隽语竟然出自信奉异教的凯尔特文化 —— 中世纪的欧洲修道士在宗教建筑里所制作的那些色彩绚丽的照明手稿可以被视为拉坦诺文化最后的（甚至是在消亡之后的）繁荣。从某些早期作品，如《林迪斯法恩福音书》（见右图）和《凯尔斯书》，到中世纪鼎盛时期的祷告书中，我们都可以发现凯尔特手工艺所产生的影响。这些照明手稿中有许许多多凯尔特风格的装饰元素：极为奢华的手稿尾页，色彩斑斓的螺旋状植物图案，以及那些现在被称为"凯尔特结"的东西。如果根据《福音书》上的经文"道成了肉身"（约翰福音 1：14），那么，同样地，经文也以基督的名义使"道"成为耶稣基督的化身。而且，为了将一个悖论堆积在另一个悖论之上，抄写经文的修士们借助了一种有意识地拒绝书面文字 —— 特别是基于宗教原因 —— 的文化审美习俗，以传达他们在表达其信仰时所感受到的那种神秘的狂喜之情。

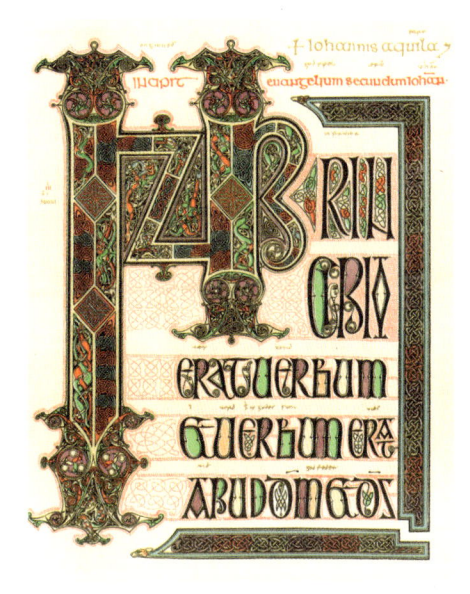

上图 《林迪斯法恩福音书》（约 700 年）是一部展示凯尔特艺术的杰作，也是一部将异教美学思想与基督教服务完美结合的经典。

此有了"指挥"或"统治"之意，比如西班牙语里的"rey"即"国王"，或是法语里的"régime"）。而且，由于没有任何的书面文字记录，凯尔特人只能以口头方式把他们的传统传授给子孙后代，而后者在诠释和传承这些传统时必然会带有自己的观点或偏见。

几个世纪以来，负责进行相关文字记录的一直都是基督教修道士抄写员们，他们会从自己的立场来处理凯尔特传说，而且显然对后者没有多少同情心，也就没有对被歪曲的事实加以澄清。再次以摩莉甘为例，颇为讽刺的是，我们对她的所有了解均来自修士们手工抄写的文本。而对于这些抄写者来说，摩莉甘只不过是一个虚构出来的、可怕的人物罢了。

对爱尔兰文化遗产的偏见

我们在考量中世纪的修士们通过他们所抄写的手稿留给我们的凯尔特文化遗产时，还需要谨记下面这一事实：这是对爱尔兰文化遗产的偏见，特别是在一定程度上对苏格兰高地、岛屿和威尔士文化遗产的偏见。因为，如果说由于罗马帝国的扩张，凯尔特人和他们独特的生活方式不得不偏安于欧洲最偏远的西部边陲，那么，罗马帝国在第一个千年中期的崩溃以及接踵而至的野蛮人的入侵，让修士文化也不得不撤退到欧洲西部最荒芜的角落避难。从那以后，基督教修道士们一直在礁石环绕的海岬或最偏远的近海岛屿上避难，对于他们来说，这些地方才是最安全的。这样的情形至少持续到了八世纪末维京海盗开始发起突袭的时候。所以，虽然凯尔特人在中欧、高卢和西班牙留下了重要的文化遗产，但只有在近海岛屿上才具备记录他们学习和文学作品的技能和设施。因此，本书对爱尔兰

批判

神学学者们所称的"泛灵论"——认为天下万物皆有"灵魂"（拉丁语为 Anima，意为"生命"或"灵魂"），曾经是世界上大多数宗教信仰的核心之所在。然而，几千年来，"泛灵论"逐渐被其他的宗教信仰所取代。人们崇拜的神族在数量上有所减少，但在力量上更加强大，也因此更加抽象，且越来越不植根于某个地域，譬如希腊诸神（尽管他们与高高的奥林匹斯山有所关联，而这种关联本身就暗示了一种地域性崇拜）和后来的罗马诸神，或者几个世纪后的北欧阿斯加德神族。而这些体系后来又为现代的"一神论"所取代。即便如此，"神圣的三位一体"这一理念可能暗示着基督教信经中依然存在着某些异教信仰体系的残留痕迹，更可能暗示着罗马天主教对圣母玛利亚和圣徒的崇拜。

单就时间顺序而言，犹太教、基督教等"一神论"宗教相对来说更为"现代"，而泛神论宗教则与更早、更不发达的时代或更"原始"的民族有所关联。实际上，从怀疑论者角度来看，这两个系统在复杂性或先进程度上并不一定有很大的区别。据说，于公元前279年洗劫了希腊中部大部分地区的凯尔特军队首领布伦诺斯在看到神庙里陈列的神像时忍俊不禁。从现代角度来看，这些神像所代表的，可能是一种高度复杂和先进的古典成就，而这种成就被尊为西方文化的起源。但在布伦诺斯看来，这种对他所认为的更复杂、更先进的精神原则的直接拟人化的表现形式，似乎是原始的，甚至是幼稚的。

遗产的种种带有偏向性的描述虽然在某些方面并不具代表性，但这是欧洲的历史发展所产生的必然结果。

异教诗学

对凯尔特人来说，似乎每一条溪流、每一片树林或每一座山谷都有自己的守护神灵，因此，时至今日，异教信仰对那些有生态意识的神秘主义者依然具有一定的吸引力。同样地，异教信仰与后浪漫主义的诗歌传统也有一定的关联，后者喜欢在风景和自然之美中寻找一种"准精神"意义。就像华兹华斯的水仙花、济慈的夜莺和惠特曼的紫丁香一样，现代文学以一种好奇的态度接近自然世界，而这与过去的异教信仰中的宗教崇拜并非完全不同。对我们来说，这应该是一种警示：把凯尔特人的宗教信仰视为一种粗俗、落后或"未开化的"异教信仰是很危险的。就像诗人能听到小溪的"潺潺"声、微风吹过头顶树叶的"喃喃低语"声，或者女妖在咆哮的暴风雨中的呐喊声一样，凯尔特异教徒在环顾四周时所看到的，是一幅幅充满意义、令他们动情的风景画。

水不仅仅是维持生命的必需品，由于其流动性和活力，水本身也具有生命：似乎每一条小溪都是有生命的精灵。隐藏在每一片表

> 水不仅仅是维持生命的必需品，它本身也是有生命的。

左图 图中的雕像为塞弗恩河精灵萨布丽娜，由十九世纪英国雕塑家彼得·霍林斯根据自己的想象创作而成。

第一章
凯尔特宇宙观体系

面碧绿、闪亮的沼泽底下的，是危险的深渊；每一片沼泽似乎都是一个狡诈的精灵，静静地等待着把不幸的过路人拖进黑暗而邪恶的地下世界。每一棵重要的树都有神性，它是地标，又为我们提供庇护、荫凉和水果；湖泊、高山和温暖而友善（或愤怒而炙热）的太阳也有神性。用拟人化或者人性化术语来总结这种特征是不无道理的。因此，流经英格兰和威尔士边界的塞弗恩河的名称显然来自古凯尔特神话中掌管这条河流的精灵、女神萨布丽娜。同样地，法国的索恩河也与高卢女神索康娜有所关联，而塞纳河则与掌管这条河流的女神塞纳·斯奎恩有所关联。众所周知，爱尔兰的博因河与邪恶的战争有所关联，奥兰治的威廉（又称"国王比利"）在一个信奉天主教的国家建立起新教统治。不过，这一名字似乎还有另一个渊源，它代表了一位来自更加古老的凯尔特传统中的精灵：美丽而高贵的女神博安。

地名诗学

《地方史》（*Dindshenchas*），字面意思为地貌或风景，是古爱尔兰文学中一个奇特的荣耀，用诗歌和散文方式搜集了大量关于早期爱尔兰各个地名的传说：这些地名是如何形成的？又是如何得名的？其中的一百多首作品保存至今。

右图 风平浪静的巴罗河毫无即将"沸腾"的迹象。但是，在爱尔兰神话中，巴罗河的名字正是源于"沸腾"一词。

左图 格兰纳姆曾是凯尔特人聚居地之一，在被罗马人接管之前一直被称为格兰尼斯或格兰尼卡。

　　巴罗河发源于斯里夫·布鲁姆山脉，向东流经沼泽地与低地，转而向南流，最终在沃特福德港流入大海。"巴罗（Barrow）"河之名是其古爱尔兰名字"Berba"的英语化形式，而"Berba"就是"沸腾（Boiling）"的意思。根据古老的《地方史》中的叙述，医术与工艺之神迪安·凯特*正是通过让风平浪静的河水"沸腾"起来的方式来处理三条巨蛇被烧焦的残骸的。摩莉甘出于对爱尔兰未来的担忧而生下了一个外表极为凶残的男婴，即使以她的标准来看亦是如此。迪安·凯特为了众神和人类而下令杀死了这个男孩。他剖开了孩子的心脏，在里面发现了三条嘶嘶作响、不停扭动、伺机而逃的毒蛇。迪安·凯特意识到，如果让这三条毒蛇长大，它们会把全

*迪安·凯特是凯尔特神话传说中的治愈之神。

国的人口吞噬殆尽。于是他杀死了这三条毒蛇，焚烧了它们的尸体，然后将其骨灰撒进了巴罗河。

其余的，就是历史了，一段相当奇特的历史，尽管对于其整个版图已经被编织成一幅生动的神话挂毯的国家来说，这段历史并不罕见。诗人约翰·蒙塔古曾写道："就连最不具爱尔兰色彩的地名，也可以凭借其丰富的关联编织出一个世界。"

这是一幅永远铭刻着抒情和魔力的风景。

变化多端的形态

从字面上讲，爱尔兰神话中的水神更加广泛地代表了凯尔特人对"变化多端"的崇拜。水神不但象征着液体的流动性，而且能够在数量、外观和形式上改变自己。我们在法国南部普罗旺斯的圣雷米镇外发现了一个有趣的例子。由于格兰纳姆有许多可以治病的圣泉，早在拉丁侵略者将其打造成一座罗马风格的城市之前，这里就一直是一个重要的高卢人聚居中心。根据古罗马人的记载，凯尔特传统中曾多次提及一位名叫格兰尼斯的（暗指但没有明确说明的男性）神祇，以及三位被称为格兰尼卡的神圣"母亲"。正如摩莉甘的形象，可以随意改变外形和数量的凯尔特众神，反映了一个处于不断变化状态的世界中的宗教。不仅仅是农业年历的季节更迭，永无休止的昼夜循环（更不用说生死循环），还有变幻莫测的天气变化：时而起雾、时而潮湿、时而天晴、时而酷热难当、时而久旱无雨。凯尔特精神欣然接受这些事物的短暂性，而不是将一种僵化的模式强加给它们。凯尔特人在弹性中寻求秩序，在变化中寻求永恒。

需要指出的是，公平地说，"变化"这一理念似乎更容易为古代异教徒所接受，"变化多端"也不会让他们觉得有多大的威胁。在这一点上，异教徒的反应比后来的一神论者更为多元化，后者主张一成不变地固守严格的秩序。尽管古罗马诗人奥维德那首最脍炙人口的诗歌的标题是"变形记"，但是，这个词语实际上源于希腊语，意为"形式的变化"。古罗马人对组织痴迷是众所周知的：无论走到哪里，他们都会在那里修筑长长而笔直的道路，并将整个国

凯尔特精神在弹性中寻求秩序，在变化中寻求永恒。

左图 掌管位于英格兰西南部的巴斯市的圣泉女神苏利斯。古罗马人将其与他们崇拜的智慧女神密涅瓦融为一体。

家分割成一个个便于管理的"单位",其间穿插着按照相同而单一(且对称)的网格规划图建造的城市。他们通常不会全盘接受所到之处的宗教信仰,但在这方面远比我们想象的更加开明。因此,古罗马人接纳了凯尔特异教徒所信奉的神祇格兰尼斯和格兰尼卡。而在英格兰西南部,即我们现在称之为萨默塞特郡的巴斯市,古罗马人接纳了当地的圣泉女神苏利斯。他们把在那里建造的城市命名为Aquae Sulis(意为"苏利斯之水"),还欣然将这位本土女神纳入了自己的宗教习俗之中,并将其与他们信奉的智慧女神密涅瓦融为一体。这种"融合"将来自不同神话传统的人物杂糅在一起，成为一种构建罗马世界的模式。同样地，古罗马人不但接受了与勃艮第马维利的治病圣泉密切相关的高卢渡鸦女神南托塞尔塔，甚至将她挥舞着锤子的丈夫苏切洛斯与他们信奉的医神阿波罗融为一体。作为夫妻，南托塞尔塔和苏切洛斯代表了夫妻关系中的互补性：男性的力量和保护，女性的孕育和呵护。

树木与变形术

人们普遍认为，树木和林地（尤其是榛树林）的罗马守护神西尔瓦努斯与凯尔特传统有着很深的渊源。与智慧有所关联的榛树是凯尔特人敬畏的众多树木之一，无论是作为一个神圣的物种，还是作为一棵棵单独的树木。橡树也许是凯尔特人敬畏的众多树木中最有名的树种。时至今日，橡树仍然被凯尔特人视为力量和稳固的象征，而那一枚枚小小的橡子仍然被他们视为伟大时代即将来临的预兆和有机生长的可能性：凯尔特人十分珍视这样的特性。"德鲁伊"

凯尔特人敬畏各种各样的树木。

右图 树木和林地的罗马守护神西尔瓦努斯。人们普遍认为，他与凯尔特传统有着很深的渊源。

左图 德鲁伊在从槲寄生上砍下一枝嫩枝前会先用一头奶白色的公牛进行献祭；槲寄生似乎是凯尔特人用来治疗不孕不育的药物。

一词的本意就是"熟悉橡树的人"，并且似乎和橡树有着共同的根源：在凯尔特语中，橡树被称为"Dru"。据说，迦拉太人曾在一个叫"Drunemeton（意为橡树庇护地）"的地方进行过朝拜。

相较于橡树，红豆杉更能代表长寿：它不仅能活好几个世纪，而且四季常青，还每年都会结出新鲜的鲜红色浆果。槲寄生是一种寄生植物，通常寄生在高高的橡树上。人们认为，槲寄生上长出的奶白色浆果象征着丰饶的希望。（也许正因为如此，长期以来，槲寄生一直是情爱的象征——圣诞节时，有情人会"在槲寄生下亲吻"。）罗马作家老普林尼在《自然史》一书中描述了一种凯尔特仪式：在新月到来后的第六天，德鲁伊先将两头白牛献祭给大自然，然后从一棵橡树上砍下槲寄生，并将其制成治疗不孕不育的药剂。

对凯尔特人来说，苹果树是生命、繁衍和生长的有力象征。对于那些中世纪的基督教抄写员来说，也是如此。正是由于他们在圣经中的叙述，我们现在才认为，人类的起源与苹果树息息相关。另一方面，凯尔特异教徒并不认为苹果树代表着邪恶和罪过。虽然苹果的果实代表着孕育，但这并不意味着这样的孕育会带来任何的羞耻。相反，雪白的苹果花代表着纯洁，而苹果木代表着正直，因此

现代化蜕变

1899年，也就是"现代主义"文学开端之时，威廉·巴特勒·叶芝发表了取材于古老的爱尔兰神话传说的诗歌《流浪者安古斯之歌》。在这首诗歌中，一位掌管青春、激情和诗歌灵感的神祇描述了他在自己的世界中跌跌撞撞、心烦意乱的状态，以及各种矛盾情感在脑海中不停涌动、冲撞的情形：

> 我去到榛树林，
> 只因心中燃烧着一团火，
> 我砍下一条树枝、剥去树皮，
> 再用一线一钩挂一颗浆果；
> 白色的飞蛾扑打着翅膀从我身旁飞过，
> 飞蛾般的星星在夜空中闪烁，
> 我把挂着浆果的鱼钩投入小河，
> 一条银色小鳟鱼上钩咯。

事实上，这节诗歌不仅在节奏方面单调乏味，在句法表达方面简单直白（"I went...I dropped"），在用词方面平淡无奇（And一词就出现了5次），在意象和联想方面更是远远"滑离"了读者，就如同诗歌中那条滑溜溜的"银色小鳟鱼"一样：处子般纯洁无瑕，精子般轻盈游动着。安古斯当然无法控制这条"已经上钩的银色小鳟鱼"。事实证明，这条小鳟鱼似乎从未像上钩时那样变化无常。然而，离开水后，它更是令人难以捉摸：

> 我把它放在地板上，
> 再转过身去将火吹旺，
> 但是，什么东西在地板上窸窣作响？
> 谁在我耳畔轻轻将我的名字叫响？
> 原来，小鳟鱼变成了若隐若现的翩翩女郎，
> 她发间的苹果花飘出阵阵芳香，
> 她一边叫着我的名字一边跑向了远方，
> 慢慢消失在了黎明的曙光。

在叶芝想象出来的那个世界里，奢侈豪华的魔法稀疏平常，似梦似幻的变形每时每刻都在发生，不可思议的悖论成了一种常态。

无论在地板上窸窣作响的"某个不明物体"，还是在诗人耳畔轻轻呼唤着他的名字的"某个人"，都是如此之真实而扣人心弦。但是，当"若隐若现的翩翩女郎"的形象越来越清晰之时，也就是她跑向远方、慢慢消失在黎明的曙光中之时。

> 虽然我已年迈沧桑，
> 虽然我长年在荒郊野岭间四处飘荡，
> 但我一定要找到她，无论她身在何方，
> 亲吻她的芳唇，捉住她的手儿不放；
> 和她在阳光斑驳的青草间徜徉，
> 去采摘，
> 属于月亮的银苹果，
> 属于太阳的金苹果，
> 直到地老天荒。

在这首诗歌中，神话和现代主义相互交织：在安古斯心中燃烧着的那团"火"所暗示的，是经历过十九世纪科学和政治进步的人所感到的那种迷失方向的绝望感。对他们来说，这些进步所造成的问题似乎只有在二十世纪日益严重的智力混乱、死亡及战争中才会显现出来。当然，威廉·巴特勒·叶芝不是唯一有这种感觉的思想家，也不是唯一从古代传说中寻找原型的思想家。

最为引人注目的是，西格蒙德·弗洛伊德发现，希腊神话传说中的俄狄浦斯王杀父娶母的悲剧正在现代资产阶级家庭中上演：儿子内心深处压抑的恋母情结和仇父情结。弗洛伊德发现，就一般意义而言，每个人在其受到严格控制的"自我"意识之下都掩盖着一个为极度黑暗混乱的强烈欲望所驱动的、令人心潮澎湃的"本我"，而这种欲望只能用远古的神话术语来表达。

经常被用来制作魔杖。接骨木也被凯尔特人视为一种神圣的乔木，他们不但用它白色的花朵和黑色的浆果来制作圣餐酒，而且认为接骨木的存在本身就能够驱除邪恶，并保护人类和牲畜免受死亡和疾病的威胁。

凯尔特人非常敬畏白蜡树，更敬畏花楸树。在凯尔特文化中，花楸树被视为一种连接"凡俗世界"和"异世界"的神圣树木，代表着"守护"，故经常被种植在房屋周围。正如前文中所讲述的那样，"阈限"这一理念是凯尔特意象和神话的核心——必然如此，因为任何单一的角度都无法全面涵盖凯尔特世界。我们在凯尔特神话中看到了这一点——在凯尔特神话中，"变形"几乎是唯一不变的"永恒"，尽管"变形"和"永恒"是一对矛盾体；我们在凯尔特艺术遗产那些丰富多彩的装饰图案中也看到了这一点。除了各种

各样的人类、动物和半人半动物的杂糅形象之外，拉坦诺艺术似乎衍生了大量用各式各样流动循环的线条编织而成的"凯尔特结"，以及程式化的螺旋状植物和其他形式的永无休止缠绕的图案。就其本质而言，凯尔特艺术不是一种分析美学。在分析美学中，事物之间的划分会被明显地标记出来，它们之间的边界也会被勾勒出来，以便定义（字面意思是"给定的限度"）各种事物的本质。相反，在凯尔特艺术中，我们可以看到，各种事物不仅相互交织，甚至能够动态共存，即便现代艺术所追求的那种所谓的"清晰"也可能无法实现。

达格达

尽管凯尔特人的宗教活动极具地方特色，但也具有普遍意义的趋同性和系统性。如前文所述，凯尔特世界也有与其他神话中的男神和女神相似的神祇，与其他神话之间有更深层次的对应性和关联

上图 在一座古代墓碑上发现的"凯尔特结"装饰图案。这些永无休止缠绕在一起的图案暗示着，生命永不枯竭，尽管事实上谁都难免一死。

性。例如，这些神话中的男性神祇似乎都是从同一个（如果只是模糊描绘的）父亲形象演变而来的。其中最著名的，是爱尔兰神话中的达格达，也被称为"好神"。达格达所扮演的角色，就是一位父亲般的守护者，没有哪个人物能够轻而易举地超越他在凯尔特神话中的地位，就像一位有权有势的族长一样。像摩莉甘一样，达格达也可以随意变形，他曾以多种不同的形象出现在不同的传说中。他最典型的形象是战士。至于他手里所持的武器，根据最具代表性的说法，是一把看起来很可怕的锤子。但在某些传说中，他的武器是一根棍棒，就像古希腊神话中最伟大的英雄赫拉克勒斯一样。然而，无论他手中所持的武器是锤子抑或是棍棒，都特别强大。但是，父权制原则绝不仅仅意味着破坏和杀戮。达格达可以挥一挥锤头就杀死九个甚至更多人，但也可以挥一挥捶柄就让死人复生。而且，这位"好神"所代表的，不仅仅是男性特质，他在某些方面超越了性别界限。也可以说，这一点或许体现在所有与繁衍生息相关的冲突和矛盾中：他总是背着一口与子宫颇有几分相似的大锅，也暗示着他身上的女性特质——孕育后代。

"好神"所代表的，绝非只是男性特质。

达格达的武器锤子和北欧雷神托尔的武器很像。不过，凯尔特神话中也有专门掌管雷电的神祇，塔兰尼斯（在爱尔兰被称为图努

下图　贡讷斯楚普大锅上的华丽图景之一。图景中的塔兰尼斯是古凯尔特神话中掌管雷电的神祇。

第一章
凯尔特宇宙观体系

041

> 在凯尔特人看来，万事万物皆有灵性，而灵性主要来自大地。

斯）。他发出的电闪雷鸣能够撕裂整个天空，摧毁地球上的一切目标。据说，正是因为塔兰尼斯与"闪亮的"太阳神贝勒努斯之间的战斗，才有了黑夜和白昼的交替。当古罗马人占领欧洲大陆上的凯尔特国家时，他们企图在凯尔特神话中寻找一位与他们伟大的众神之王朱庇特对等的神灵，就是塔兰尼斯。但是，雷电之神塔兰尼斯在凯尔特人的想象中从未享有过众神之王朱庇特在古罗马人的想象中那样至高无上的地位，也远不及宙斯在希腊神话体系中那么重要。其原因在于，在凯尔特人看来，天神固然重要，凡人——农民、旅行者、士兵和水手——也同样重要，而凡人的灵性主要来自大地，因此，他们慈父般的"好神"达格达把双脚坚定地踩在大地上，甚至牢牢地扎根于地底下。和后来的仙灵一样，达格达的家通常建在土墩或土丘下，上面种着一棵（或三棵）树，放置着一口锅，还拴

右图 达格达的魔法锅。这口锅既能给达努部族提供取之不尽的食物，也象征着这位至高无上的男性神灵身上更加母性的一面。

042　　　　——　　　　凯尔特神话图鉴

左图 一块发现于法国东北部兰斯市的石碑。石碑上刻着似乎总是盘腿而坐的凯尔特掌管自然、动植物、生育的神塞努诺斯。

着一头母猪。树总是被挂满枝条的累累硕果压弯了腰；锅总是被取之不尽的食物和美酒装得满满的——或是炖菜，或是肉汤，或是用于喜庆场合的烈性红酒。至于那头肥硕的母猪，则象征着多产和丰饶，代表着富足和永恒的食物来源，不管被杀死多少次、被吃掉多少次，它都可以重生，并得到充足的食物补充。虽然生存和繁衍至今仍然是人类心理上最为迫切的关注点，但对于古代社会来说，这两个问题更加急迫和显而易见。作为凯尔特人最主要的守护者和供养者，"好神"达格达必须确保凯尔特人的富裕生活和繁衍生息，所

右图 高卢马女神埃波纳。她后来成了罗马骑兵的守护神。这座迷人的雕像来自法国东部的阿莱西亚-圣雷恩。

以,他不得不为此不惜付出一切代价。

对于崇拜土地并依靠农耕生存的古代异教徒们来说,各种形式的繁殖力都是极为重要的。所以,母性神灵在凯尔特传统中比比皆是。这就是说,把战争代表的男性特质和农业或生育代表的女性特质对立起来显然是不合时宜的。古代,战争可能是男人之间的博弈,也可能是另一种形式的经济生产力,故而也是一种"繁殖力",就如同土壤肥沃被视为男性的"种子"与大地"母亲"相遇后的结果一样。因此,盘腿而坐、头上长着鹿角的塞努诺斯——他在高卢传说中有着另外一种形象——也是一名非常重要的神祇,因为他掌管自然、动植物和生育。不仅仅是凯尔特神祇,古罗马人最初可能也把最具男性特质的神祇——著名的罗马战神、伟大的马尔斯——当作守护他们庄稼的神祇而崇拜。

然而,要找到一名能与达格达相对应的女性神祇,就不是那么容易了,似乎没有哪位母性神灵能像达格达那样出类拔萃。或者说,也许是因为以下这一矛盾:一方面,"女性原则"非常重要,故而需

恐怖的赶灵人

在某些古老的传统中，某些最令人感到不快的灵魂却被赋予了最具有魅力的称呼，以让这些灵魂得到安抚。例如，欧墨尼得斯是最令希腊人感到惧怕的神祇，称之为"复仇三女神"更准确，却被称为"好神"。莎士比亚在《仲夏夜之梦》中把那个喜欢恶作剧的妖精称为罗宾·古德费罗，这与现代黑手党被称为"好家伙"有着异曲同工之妙。"阴灵"的西班牙语称呼 the Santa Compaña（神圣伴随者）肯定也是这样得来的，因为这些"东西"压根就没有一丁点儿"神圣"的征兆。它们在阿斯图里亚斯被称为 Güestía（意为"主人"）——这是一种更加中性化的称呼，在邻近的加利西亚则被称为 As da Nuite（意为"那些夜晚的东西"）——这是一种颇为危险但更名副其实的称呼。

这是一群被判为不能得到救赎的阴灵，不能上天堂，只能游离在炼狱之中。它们身着白长袍、头顶大风帽，在一个"赶灵人"的引领下排成两行夜以继日地在黑暗中赤脚穿行，反思自己的罪恶和过错。"赶灵人"是和这些阴灵同样装扮的活人，他们手持十字架或大锅——这样的形象会令人联想到手持圣餐杯或香炉的牧师，但更会令人联想到身背大锅的达格达。赶灵人白天就是普普通通的活人，但总是一副浑浑噩噩、魂不守舍的样子，脸色苍白，一天比一天消瘦。他们每到晚上就会被那些不得安宁的阴灵从床上唤醒，然后神情恍惚地梦游出门，开始赶灵，但一到早晨就会把自己前一天晚上做过的一切忘得一干二净。"赶灵"被视为一种诅咒——也许是因为某位牧师在给某个人做洗礼的时候把圣礼搞砸了，这个人的灵魂没能得到应有的保护。每天晚上，这个不幸的受害者都必须手持象征其职责的十字架或大锅外出履行职责。当游荡的阴灵队伍撞到某个倒霉的路人时，"赶灵人"才能将手中的十字架或大锅移交给这个"倒霉蛋"，从此之后不再继续履行"赶灵"这一"神圣"的职责。

要不断确认和反复拟人化；另一方面，人们认为，"母亲角色"终究还是没有"父亲角色"那么重要。摩莉甘在某些情况下的确可以代表生育能力，但她也代表着许多与生育和传统意义上的"母亲角色"毫不相干的其他东西。这种表面上的矛盾会在多大程度上令凯尔特人感到担忧，目前尚不清楚。我们所知道的是，凯尔特人在追求僵化的系统化和既定的本质方面投入甚少，在他们看来，这个世界和世界上的一切都是像水一样流动着的，都会受到变幻莫测的影响。因此，残忍好战的战神摩莉甘会在某些特定场合化身为温柔善良的生育女神，她的这两种形象并不相互矛盾。（爱尔兰凯里郡基拉尼城

右图 矗立在爱尔兰米斯郡塔拉山山顶上的"命运之石"。

外的圣山之所以被命名为"阿努女神的双乳",就是因为山顶上那两座石塔从远处看与人们想象中的阿努女神的双乳极为相似。)

神族

无论是谁率先提出,达努神族最初是作为神族出现的,后来的基督教修士们小心翼翼地将这个族群"降级"为一众生活在凡人世界中的国王和王后,或者生活在童话世界中的巨人、精怪和女巫。即便是在爱尔兰神话记载中,对达努神族的起源和族谱的描述也存有相当大的分歧。就其原因,可能在于巨大的地域性差异,也可能在于中世纪的基督教修士抄写员们所进行的"回顾性"编撰。

高卢马女神埃波纳是一位心地善良的守护神,尽管为古罗马人服务的凯尔特骑兵原本是因为她与马有所关联才接纳了她,但她最终获得了"掌管军队的神祇"这一新身份。

这样的事情很寻常:生活在荷兰北海沿岸地区的凯尔特社群所崇拜的尼海伦娜一开始似乎是狩猎女神(因此,在凯尔特传统中,她每次出现的时候身边都会带着猎犬),但最后却成了航海者的保护女神。在威尔士,唐和里安农被尊为神圣的母亲。有人认为,唐是爱尔兰西南部的阿努女神的变体，或者是达努女神的变体。除了人们后来对古代爱尔兰众神的统称达努神族（Tuatha Dé Danann）一词中隐含了这位女神的名字（Danu）之外，我们找不到任何直接证据以证明达努女神的确存在过，即使在神话传说中也找不到这样的证据。现代学者们可以根据"Danann"一词是"Danu"的所有格形式这一事实来推断达努女神就是达努神族的始祖，但实际上达努女神本人从未在任何古代传说出现过。

不过，所有的现存版本都有一个共同点：达努神族的生活和爱情太过耸人听闻，每每给人一种肥皂剧似的感觉。我们前面提到过的女神博安的故事就是很好的例子。据传，这位掌管博因河的精灵嫁给了水神涅赫坦。据说，涅赫坦的家在基尔代尔郡的卡布里山深处。"涅赫坦"这个名字暗示着他与古老的印欧历史中掌管河流和海洋的神灵——古罗马人后来称其为海神尼普顿——之间有着某种关联。后来的其他凯尔特水神都与涅赫坦有着千丝万缕的关联。有个故事是这样说的：水神涅赫坦在榛子林中掌管着一口小小的智慧之井，九颗神奇的榛子从井边的一棵树上掉入了泉水中，将渊博的知识和伟大的智慧注入了泉水。只有四个人可以靠近这口井——涅赫坦和他的三名酒侍。但是，当博安嫁给涅赫坦的时候，这位欣喜若狂的女神触犯了禁忌：她欢天喜地地跳进了这口智慧之井，激怒了圣泉，汹涌的水流瞬间从井中喷涌而出，淹没了博安，从而开创了一条新的河流——"博因河"，博安则成了掌管这条河流的女神。

博安对涅赫坦的爱恋太过强烈，如此炽热的爱情在多年的婚姻生活中逐渐消磨殆尽。终于，博安移情别恋了，她爱上了众神之父达格达。后来，博安怀上了达格达的孩子。对于达格达来说，让外界知道这件事情似乎是一种耻辱。所以，为了免于遭受这样的威胁，濒临绝望的达格达命令太阳在博安怀孕的九个月里一直停留在原位，不得绕地球运行，直到她生下孩子。博安生下的这个男婴就是安格斯·麦克·艾格，他长大后将成为掌管青春美貌、爱情和灵感的神祇。不过，由于达格达的干预，博安怀孕期间时间是静止的，并且，九个月缩成了短短的一天。所以，没有人知道这件事情的真相。为了避免让达格达和博安陷入尴尬，达格达的儿子米迪尔收养了安格斯·麦克·艾格并将其抚养长大。

诸如此类的闹剧在达努神族的众多家庭中频频上演。雷斯仙丘的主人米迪尔也是达努神族的一员，他抛弃了自己的第一任妻子富阿弗纳奇，爱上了比她更加年轻貌美的太阳女神埃泰恩。这样的背叛使富阿弗纳奇感到异常愤怒，便用自己的罗恩魔杖对埃泰恩下了一道咒语，将其变成了一口深井。但是，对于那些讲述凯尔特故事

右图 米迪尔的手臂无法保护可爱的埃泰恩，因为满怀嫉妒之心的富阿弗纳奇一再改变她的形态。

的人来说，仅仅一次变形似乎远远不够。于是，富阿弗纳奇后来又把埃泰恩变成了一条蠕虫，再后来又把她变成了一只蝴蝶。化身为蝶的埃泰恩可以飞到心上人身边照顾他，除非富阿弗纳奇召唤一阵狂风把她吹得无影无踪。这只可怜无助的"蝴蝶"只能在空中不停地飞，这一飞就是整整七年。后来，安格斯·麦克·艾格认出了埃泰恩，便在博因河畔给她搭建了一个凉棚，让她在里面躲了好几年。但是，这一切没能平息富阿弗纳奇一丝一毫的愤怒。

这个恶毒的女巫到处寻找埃泰恩，终于通过跟踪找到了她的藏身之处，于是，她再次召唤了一阵狂风，结果，埃泰恩又在空中不停地飞了七年。最终，精疲力竭的埃泰恩掉进了酒杯里。一位名叫伊塔尔的阿尔斯特勇士的妻子喝了这杯酒，并在怀胎九月后诞下了

左图 如图所示，雕刻在圣布里吉德教堂中的木制诵经台上的旋转图案是证明其远古祖先身份的唯一线索。

女婴。就这样，埃泰恩得到了重生。

布里吉德是达格达的另一个孩子。有些人认为她和博安是同一个人，但更多人认为她是最重要的爱尔兰女性神祇。她掌管音乐、灵感和艺术，她在歌颂这三方面的吟游诗人中被视作一位颇为鼓舞人心的角色——这一点是可以理解的。可以说，布里吉德与雷神图里安的婚姻象征着智慧和蛮力、技巧和技能的完美结合：在他们的三个儿子中，克里德尼和戈布尼努都是著名的铁匠，制作了许多精美的青铜器和银器；卢克丹是一位木雕师，也是为众神服务的木匠。当然，很久以后，布里吉德被纳入了爱尔兰最虔诚的基督教圣徒之一：按照传统说法，圣布里吉德教堂建于公元480年——正如其名字Kildare（意为"橡树教堂"）所暗示的那样，这是一个深受古代异教徒崇拜的地方。

战争与侵略

爱尔兰凯尔特人认为，他们国家的历史就是一部侵略史，他们的祖先总是在发动一波又一波的侵略。对于凯尔特人这样一个在其

凯尔特人的起源

凯尔特人似乎崇尚一种"活在当下"的人生观。这与他们推崇以不断旋转的环圈和螺旋图案为标志的美学观，及以恒动态变形为特征的宗教文化观完全一致。尽管凯尔特人极富想象力且足智多谋——这一点是显而易见的，但他们似乎从未有过利用其想象力进行分析的倾向：无论过去还是现在，几乎没有迹象表明凯尔特人热衷于把各种事物固定下来。凯尔特人似乎对不同事物之间错综复杂的相互作用感到欣喜若狂，而不是想方设法给万事万物下定义，或者把规则和秩序强加给他们所看到的一切。

尽管爱尔兰的《地方史》一书表明凯尔特人对地名的起源有着近乎偏执的关注，但他们对整个创世问题并不怎么感兴趣。这令我们感到十分惊讶，因为我们已经习惯性地把"起源神话"看作任何文化的根本性要素。这似乎也让那些最早用文字记录凯尔特神话的基督教修道士感到万分惊讶，于是，他们决定自己动手解决这个问题。结果，他们在《侵略之书》中把明显属于犹太-基督教的关于最早出现在地球上的几代人的时间轴强行"嵌入"了凯尔特编年史中，尽管凯尔特人在讲述自己的历史时对"创世"这一问题压根就不感兴趣。

祖先的历史中有着多次军事扩张的好战民族来说，怀有这样的想法也许并不足以为奇。实际上，《侵略之书》是最重要的凯尔特编年史书之一。该书在十一世纪——在书中所描述的事件发生很久之后——由基督教修士们以他们独特的视角（这无疑扭曲了事情的真相）撰写而成。时至今日，我们仍然可以从这本书中了解爱尔兰凯尔特人如何看待他们与自己过去的关系。

故事始于《圣经·创世纪》，然后追根溯源地讲述了一个凯尔特谱系的发展史——从亚当一直追溯到雅弗，后者是诺亚三个儿子中的一个。当然，根据《圣经》的叙述，由于人类的狂妄自大、作恶多端，世界万物的创造者上帝耶和华降下了一场大洪水，以"毁灭天下一切有血有肉的活物"。不过，诺亚及其家人从这场灭世洪水中幸存了下来。然而，到了这个时候，从凯尔特人的"神话历史"来看，情况变得更加复杂了。

一方面，雅弗的血脉通过塞西亚的费尼乌斯王子及其儿子奈尔延续了下来——故事还在继续，并通过建造巴别塔再次与《圣经》有所关联。但是，奈尔与埃及公主斯科塔的婚姻〔最终，正如其名字（Scota）所暗示的那样，这位公主被说成了苏格兰人（Scots）的母亲〕又为故事增添了几分异国情调。当象征着人类的狂妄自大的这座高塔——他们希望这座高塔能够通往天堂——倒塌后，当上帝通过让人类说不同的语言使人类不能彼此沟通并各散东西的时候，那个首先开口说那种被后人称为戈伊德尔语或盖尔语的人，正是奈尔与斯科塔的儿子戈伊德尔·格拉斯。而他的后代们则命中注定要在接下来的四百年里四处漂泊。

另一方面，凯塞尔——诺亚另一个儿子比斯的女儿——在大洪水暴发之前就已经带着族人出发了。他们在海上漂泊了七年，最后到达了爱尔兰。得到大洪水即将来临的警告后，他们躲进了爱尔兰西部的大山里。然而，大洪水还是卷走了除芬坦之外的所有人。独自活下来的芬坦在爱尔兰各地过着颠沛流离的生活。为了活下来，他不得不先后化身为好几种动物，先是化身为鲑鱼，继而化身为大雕，最后化身为老鹰。直到五千年后，他才恢复人形，并成为爱尔

右图 据说，芬坦化身为鲑鱼才得以从那场灭世洪水中幸存了下来，后来又先后化身为了大雕和老鹰。

兰历史上一个举足轻重的人物。

到那时，又有好几批入侵者先后抵达了爱尔兰，然后又离开了这里。帕苏朗和他带领的四十八人是其中的第一批。这批人的首领帕苏朗也是诺亚的后裔。他们从遥远的东方来到了空旷荒芜的爱尔兰，同时把文明带到了这座岛上。帕苏朗带领他的族人在此开垦荒山，种植庄稼，搭建房屋，养殖牲畜，生儿育女。然而，帕苏朗的族人在爱尔兰定居的时间也不长，只有区区三百年，然后由于一场瘟疫而神秘地消失了。在此期间，为了争夺对爱尔兰的统治权，他们同一个神秘的种族大战了一场。这个种族就是长相极为丑陋、生性凶狠残暴的深海巨人族佛摩尔。最终，帕苏朗的族人打败了敌人，并将其赶到了一个海外小岛上。

又过了三十年，第三批入侵者在内米德的带领下来到了爱尔兰。事实上，和帕苏朗一样，他和《圣经》也有着千丝万缕的联系，因为他也是诺亚的后裔。他的探险队在从西亚的里海出发时有四十多艘船，但船队在海上迷失了方向，最终只有内米德和九名幸存下来的同伴驾船穿过风暴抵达了西欧的爱尔兰岛。内米德带领他的家人及其追随者们开始在这里砍伐森林，开垦荒山，种植庄稼。

巨人族佛摩尔发起了四次进攻，但每次都以失败告终。

他们也必须不断抗击前来侵略的巨人族佛摩尔；这些怪物发起了四次进攻，但每次都以失败告终。然而，最后，突袭者在科南德和莫尔克的带领下成功征服了内米德的族人并迫使他们缴纳贡品：每年夏天的萨温节，内米德的族人都必须把自己三分之二的劳动成果，甚至孩子们，献给巨人族佛摩尔。终于，忍无可忍的内米德群族向佛摩尔首领科南德在距离多尼加尔郡海岸十公里处的托里岛上的城堡发起了猛烈进攻。他们取得了胜利并杀死了科南德，但被莫尔克带领的佛摩尔援军所击溃。那些没有战死沙场的内米德人大多被巨大的海浪卷走了，只有三十人幸存了下来。再后来，这些生还者也不得不离开了爱尔兰，驾船到海上去寻找新的家园。他们分为了三支，一支东行到了不列颠群岛，并在那里建立了英国；另一支去了北方（至于究竟去了哪里，目前尚无人知晓）；第三支则南下

下图 托里岛是深海巨人族首领科南德压迫内米德群族的大本营——直到后者发起了奋勇反抗并将这位国王杀死在了他在此地建造的城堡中。

爱琴海，最终到达了希腊，并在此找到了一个类似于避难所的地方，那就是色雷斯。然而，事实上，希腊人——西方文明的缔造者——之所以愿意收留这些新来者，只不过是把他们当作奴隶罢了。他们被迫每天在采石场上搬运装满黏土的大袋子，因此被当地人称为"费伯格人"（意为"背袋人"）。不过，经过几代人的不懈努力，这支内米德人再次强大了起来，终于在离开爱尔兰两百三十年后做好了重返家园的准备——自从两个世纪前爆发的那场海啸以来，爱尔兰一直无人居住。他们最终逃出了希腊，回到了爱尔兰，并成为新的爱尔兰统治者。

达努部族的统治

在这段时间里，被巨人族佛摩尔打败后逃往北方的那支内米德人一直在一个与世隔绝的地方默默而顽强地坚持着。在国王努阿达的统治下，达努族人日渐富裕和强大起来。突然，这些"人"通过某种充满神秘，甚至可能带有几分魔法色彩，的手段取得了一种介于凡人和神灵之间的模糊身份。他们以这种身份重新出现在了爱尔兰，与这里的费伯格人展开了一场争夺爱尔兰统治权的较量。如果将各种与达努部族相关的说法进行比较，我们就可以发现将其视为神族的凯尔特传统与更倾向于将其视为人类英雄的基督教修正主义之间的权力斗争。根据某些说法，他们来自天空，从层层乌云中降落到了康涅马拉山脉的山顶，并在云雾缭绕的山脉中神奇地聚成了人形。然而，根据另外的一些说法，他们是一群在康纳希特海岸登陆的普通突袭者。

不过，不管根据哪一种说法，达努部族都在接下来的战斗中打败了费伯格人，尽管他们也为此付出了沉重的代价——在马格特瑞战役中，努阿达在康纳希特中部平原上的战斗中失去了一只手臂。身体不再完美的努阿达被取消了继续担任国王的资格，不得不暂时让位于布瑞斯。这位新国王的血统和忠诚都使其倾向于与仍在伺机而动的巨人族佛摩尔和解。然而，不久之后发生的一系列事实证明，这种联盟是不平等的：达努部族在近期进行的各场战斗中都赢得了

卢格纳萨多节

尽管可能源自"leuk"（一个印欧语单词，意思为"光"）一词，但"Lugh"是一个带有敬语色彩的单词，其意思为"长臂的"，以纪念鲁格无与伦比的投掷长矛或投石索的能力。在爱尔兰传统中，鲁格与太阳有着极深的渊源，因此，他的纪念日——卢格纳萨多节——也被定在了每年盛夏的收获时节，这也就不足为奇了。苏格兰和马恩岛也有类似的节日，不仅如此，似乎整个凯尔特世界都有类似的节日。卢格纳萨多节的标志性仪式是将刚刚收获的谷物和水果，以及一头公牛，作为祭品献给鲁格，以感谢他给子民们带来的丰饶和富足。爱尔兰人通常将这些祭品带到被他们视为这位神灵的圣地的山顶上进行献祭。人们认为，在基督教时代，原本为了纪念鲁格而进行的登高习俗被改造成了一种为了忏悔而进行的朝圣，比如，每年7月的最后一个星期日，一支超过五万人的朝圣队伍都会长途跋涉前往梅奥郡的克罗格·帕特里克圣山进行朝圣。

上图 鲁格正挥舞着嗜血成性的魔法长矛"布里欧纳克"。

胜利，却沦为了真正的统治者巨人族佛摩尔的奴隶。例如，达格达被判终日挖掘沟渠——于众神之父而言，这样的下场堪称奇耻大辱。于是，努阿达请治愈之神迪安·凯特为自己量身打造了一只特殊的银手臂，并在不久之后成功地从布瑞斯手中夺回了王位。在努阿达和迪安·凯特的共同领导下，达努部族奋起反抗深海巨人族佛摩尔的统治，并打败了它们，从而夺回了对爱尔兰的统治地位。

巨人族佛摩尔虽然失去了统治地位，但并没有完全出局。不久之后，它们再次卷土重来，想要从达努部族的手中夺回对爱尔兰的统治权，但在第二次马格特瑞战役中再次吃了败仗。然而，就某种程度而言，这场胜利对达努部族来说毫无意义——就在他们获得胜利的那一刻，他们的国王努阿达被深海巨人族头领巴罗尔的魔眼杀在努阿达和迪安·凯特的共同领导下，达努部族奋起反抗深海巨人族佛摩尔的统治，并打败了它们，从而夺回了在爱尔兰的统治地位。

死了。失去了努阿达的领导，达努部族完全不知道接下来该怎么办。幸运的是，虽然努阿达的继任者鲁格和布瑞斯一样有着一半佛摩尔巨人血统——他的母亲是巴罗尔的女儿恩雅，但事实证明，鲁格更加忠诚于达努部族。

盖尔人的武力入侵

故事讲到这里，爱尔兰人想起了一段他们遗忘已久的凯尔特历史，这段历史将我们带回到了巴别塔的倒塌。四处漂泊流浪了大约四百年之后，戈伊德尔·格拉斯的后代们——也就是后来的盖尔人——到达了伊比利亚半岛海岸附近。而且，一个名叫布雷欧冈的盖尔人在西班牙西北部建立了一座名为布里甘提亚（现在的加利西亚）的城市，并自封为这里的领主。他在那里建造了另一座高塔。有一天，布雷欧冈的兄弟伊斯从高塔顶上看到了位于海浪对面那一片遥远的绿色土地——爱尔兰岛。布雷欧冈的儿子迅速召集他最优秀的战士组建了远征军，并率领这支远征军航行到了爱尔兰岛，然后用武力从达努部族手中夺取了这座岛屿。这位年轻征服者的真实名字尚不清楚：他之所以被称为"米尔·艾斯班尼（Míl Espáine）"，只不过是因为"Míl Espáine"是拉丁语"Miles Hispania"在盖尔语中的拼写方式，意为"西班牙士兵"。

作为戈伊德尔·格拉斯的后裔，米尔·艾斯班尼的部族也是第一批来到爱尔兰的"盖尔人"，并赋予了这个国家一个保留至今的身份。

他们也将建立一种新的宇宙秩序，将战败的达努神族赶进了地底下的"彼世"。这些昔日的神灵——此时已经沦为仙女和恶作剧者——被迫居住在那里，只能在夜间以仙灵身份出现在"现世"。至于米尔·艾斯班尼的部族（英语为Milesians，爱尔兰语为Mylesia）到底享有什么样的地位，至今尚无定论：在大多数情况下，他们仍然被视为普普通通的凡人，即使他们中有些人似乎的确享有某种神圣的地位。

而且，他们所享有的，也不一定是令人羡慕的地位。米尔·艾

右图　凯尔特人布雷欧冈。他是戈伊德尔·格拉斯的后裔，在西班牙北部建立了一个重要的统治王朝。

第一章
凯尔特宇宙观体系

MILESIVS

斯班尼的儿子之一多恩犯了一个愚蠢至极的错误：他侮辱了女神艾立乌，而且，更糟糕的是，他低估了这位女神。尽管达努神族已经丧失了他们在"现世"的统治权，但仍然统治着地底下的"彼世"，而且，艾立乌一直都是一位非常重要的母亲女神，因为"爱尔兰（Eire）"一词就是源于她的名字"Ériu"。结果，当多恩驾船沿着爱尔兰西南部海岸航行时，他被卷到海浪底下淹死了，他的灵魂被永远囚禁在了科克郡贝尔拉半岛附近的一座岩石小岛上。这座小岛现在被称为"公牛岩"（这基本上是因为它比旁边的"牛犊岩"大），而在古老的《地方史》一书中则被称为"Tech Duinn"（意为"多恩的家"）。根据一位匿名诗人的说法，罪人的灵魂会在下地狱之前造访"多恩的家"，并把他们的祝福送给多恩的灵魂；而忏悔者的正义灵魂则只会从远处眺望这个地方，且绝不会"误入歧途"。至少，这是异教徒的信仰。

左图 布雷欧冈的儿子米尔·艾斯班尼。即使以神话标准来衡量，他也是一个模糊不清的人物：他的名字 Mil Espaine 只不过是拉丁语"Miles Hispania"在盖尔语中的拼写方式，意为"西班牙士兵"。

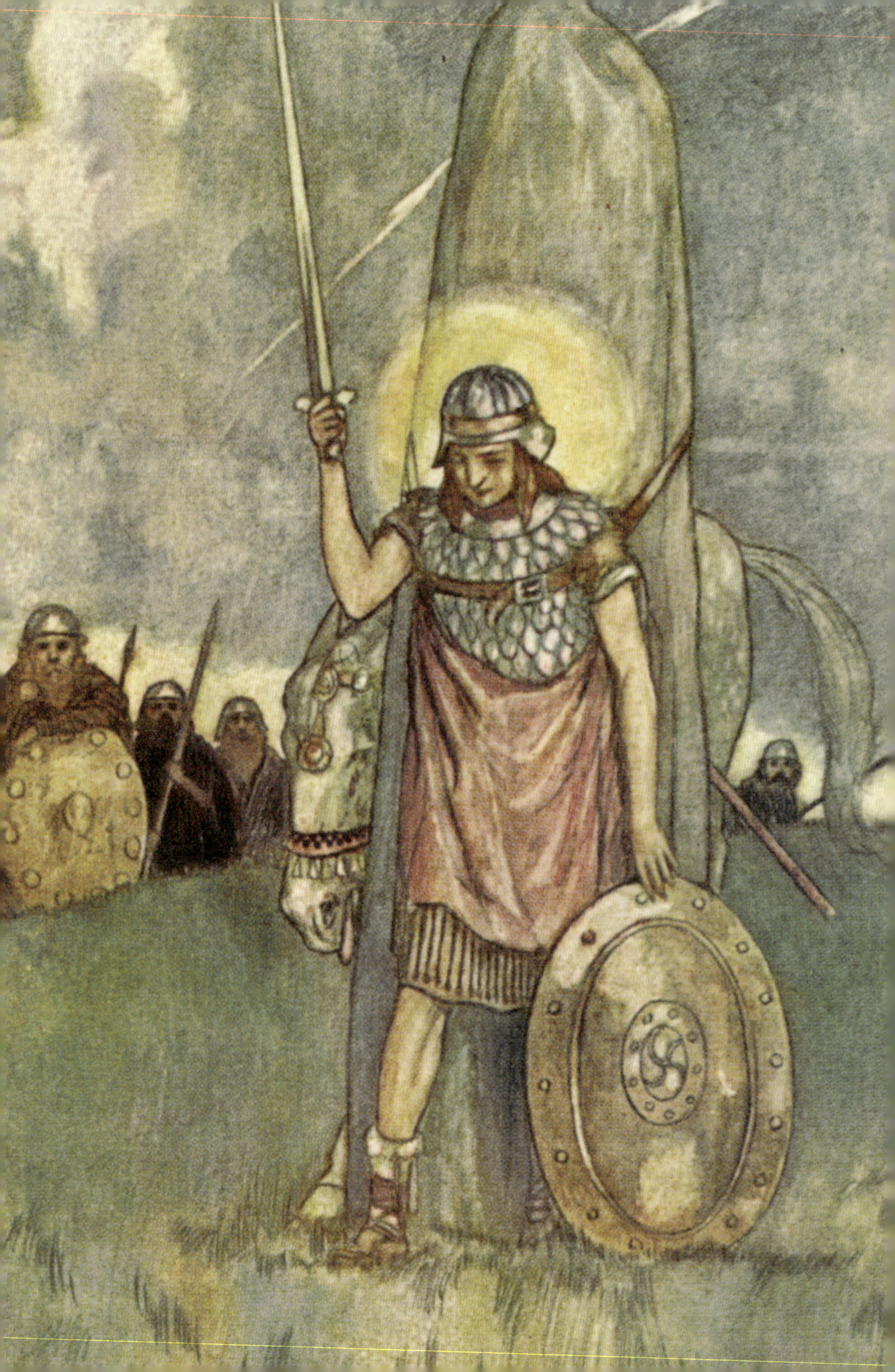

第二章

阿尔斯特战争

特洛伊战争对古典文明意义重大，同样地，阿尔斯特战争对爱尔兰凯尔特文化也产生了深刻的影响。这场旷日持久的残酷战争是一场神话般的冲突，而爱尔兰凯尔特人正是通过这场冲突塑造了他们的英雄身份。

众所周知，仙灵通常住在被称为仙丘的土丘里。据说，阿尔斯特都城的艾汶玛查就是一座仙丘。但是，现代考古学家们从未找到过曾有仙灵居住于此的痕迹，也从未在这里挖掘出任何证据来证明古代的战争女神玛查曾存在于此，也没有发现传说中她与阿尔斯特国王的两匹战马赛跑并赢了的证据。根据传说，就在冲过比赛的终点线，获得胜利的那一刹那，玛查大叫一声跌倒在地，生下了一对双胞胎——艾汶玛查（Emain Macha）是一个古老的爱尔兰名字，其字面意思为"玛查的双胞胎"。极度痛苦的玛查在临死前给所有的阿尔斯特男人下了一道诅咒："因为你们给予我的耻辱，从这一刻起，每当阿尔斯特遭到外敌入侵的威胁时，每当阿尔斯特男人需要以最充分的准备保家卫国时，每个阿尔斯特男人都将行动受限，都将忍受女人分娩时所遭受的那种剧烈阵痛的折磨。这样的痛苦将持续五天五夜！这个诅咒将延续九代人！"

尽管《地方史》中所记载的故事为上面的传说提供了证词，但考古挖掘者的发现有一个更真实的结论：这个地方只是一个军事据点，而那个高出地面40米、宽度为250米的土堆，也只是一处防御工事而已。因此，这个地方现在被称为"纳文要塞"——在盎格

左图 库丘林中了敌人施展的魔法，变得软弱无力，把自己绑在了一根石柱上，最后死于叛徒的毒剑。

鲁－撒克逊语系中,"纳文(Navan)"的发音最接近于盖尔语中的"艾汶(Emain)"。

　　然而,如果这真的只是一座普普通通的山顶堡垒,就如同我们乍一眼看上去的那样,那么,为什么要把那些用以"防御外敌"的沟渠和城墙建在似乎"需要保护"的、用石头和木材建造的建筑物里面呢?这一问题令近年的研究者们百思不得其解。如今,越来越多的人倾向于认为,纳文要塞"实际上是一个举行某种仪式的中心",尽管从来没有过任何确凿证据可以证明这种说法。因此,我们无法找到科学证据证明关于女神玛查故事的真实性,但以上证据的确足以表明,艾汶玛查可能并没有起到过直接防御外敌入侵的作用。至少在某种程度上,它似乎就是一座宗教纪念碑,一处举行宗教仪式的场所。而且,就像人们长期以来所认为的那样,它是一座仙灵们居住的仙丘,一座连接两个截然不同的世界的建筑物。"神灵世界"是神秘的宗教世界,居住着神祇、精怪和巨人;而"世俗世界"则是世俗权力统治的世界,即现实政治的世界,在这个世界里,不可避免地存在着军事防御和军事征服。就像其的的确确存在于阿尔斯特都城的土地上一样,在爱尔兰神话中,纳文要塞或者艾汶玛查也栩栩如生地存在着。今天,我们可以把此地看作"神灵世界"和"世俗世界"相互交汇的地方。

下图　在今天看来,图中的艾汶玛查不像是抵御外敌入侵的爱尔兰英雄们的家园,而只是在提醒我们,这些遥远的神话时代早已淹没在爱尔兰的历史长河中。

一段人类史

根据传说,这里是阿尔斯特王国的王城,历代阿尔斯特国王都把家安在这里的防御工事中。那个注定要在有朝一日被称为"阿尔斯特人"的群族似乎确实存在过,尽管他们的生活和历史已经成为神话故事。在第一个千禧年最初数百年里,阿尔斯特王国的疆域似乎向北一直延伸到了现在的英国北爱尔兰省的整个地区,向南则一直延伸到了现在的爱尔兰共和国的劳斯郡。这是一段遥远得近乎神话般的历史,尤其是考虑到这段历史是由中世纪的基督教修士们在很多年之后以史诗形式记录下来并将其流传下来的。这些基督教修士既丝毫不为现代学术界的严谨感觉所约束,也完全不为必须尊重异教故事的完整性感觉所困扰。从好的方面来说,他们一听到关于这个时期的故事就知道,这一定会是一个扣人心弦的故事。然而基督教修士抄写员们对这段历史的叙述与他们对达努神族的叙述截然不同。关于达努神族的故事所讲述的,是一个神族的行为、经历和

上图 从空中俯瞰艾汶玛查,我们会看到一副更加令人印象深刻的景象。但是,要说历代阿尔斯特国王曾把宫邸建在这里,也的确有些令人难以想象。

右图 根据凯尔特传统，古代的吟游诗人或讲故事的人通常用竖琴为自己伴奏。

感受，尽管太过拟人化是达努神族的弱点，但无论如何，他们毕竟是神祇。而在关于阿尔斯特王国的故事中，虽然战士们经常拥有超自然的力量并能施行各种各样的巫术和魔法，但所有的人物都是凡人而非是神祇，事件的呈现方式也更加拟人化。一些学者怀疑，在异教徒口头传统的原始叙述中，阿尔斯特故事群也涉及了众多的男性神灵和女性神灵，但基督教修士们在他们编撰的《编年史》中用凡人取代了这些神灵所扮演的角色——这说明，基督教修士们在讲述凯尔特异教传统时有意识地对其进行了"贬低"。如果真是这样的话（可是，我们怎么才能确定这一点呢？），这种做法至少有一个优点：这使得故事中的人物在现代人心目中更加生动形象、更加拟人化，也更能引起他们的共鸣。阿尔斯特人和他们的敌人——其中最著名的是来自西部的康纳赫特人——之间的战争可能受到了魔法的影响，也可能因神灵般的英雄们之间的争斗而发生了倾斜，但是，引发这一系列战争的驱动力，其实是能够在所有凡人心中引起共情的种种情愫。

麻烦来了

这场麻烦始于伊奥查德·萨尔布伊德统治时期。而麻烦的最初起因，是尼斯公主的受孕：她怀上一位命中注定的未来君王。有一天，尼斯公主和她的侍女们坐在艾汶玛查的王宫外面，恰巧看见了从这里路过的宫廷首席德鲁伊凯斯巴，便问他道："今天适合做什

海上爱尔兰王国

从严格的历史意义上来说，爱尔兰人从五世纪开始就逐渐被极具侵略性的对手赶回了博因河以东的区域。不过，到了这个时候，他们跨越了北海峡，开始在苏格兰西南部的高地和岛屿（阿盖尔这个地名的本意，就是"盖尔人的东部国家"）开辟殖民地。这为爱尔兰移民后来建立跨越爱尔兰海岸和北大西洋海岸、强大而成功的达尔里阿达王国打下了基础。在一个跨越陆地——尤其是要跨越一片地形崎岖的陆地——极度艰难的年代，在海上建立一个把爱尔兰海岸和苏格兰海岸连接起来，而不是将其分割开来的王国是非常有意义的。这个王国是以其人民所崇拜的祖神伊奥楚·里阿达的名字命名的。时至今日，我们仍然可以在阿盖尔地区的杜纳德山顶堡垒的一块石板上看到王国创始人的"足迹"（见右图），不过，这需要一点儿想象力。后来的几个世纪，这里一直是王国的王城和政治中心。尽管后来逐渐被来自阿尔斯特其他爱尔兰人所蚕食——在苏格兰，遭到了来自北部和东部的皮克特人的围攻，最终又遭到了来自西部的维京入侵者的围攻，但这个王国直到九世纪才最终沦陷。当然，在此期间，爱尔兰人一直生活在传说中……

吗？"后者立即回答说："今天是个孕育未来国王的好日子。"公主对这位德鲁伊的话深信不疑，毫不犹豫地采取了行动：她抓住了这个千载难逢的机会，也抓住了眼前唯一的男人——德鲁伊凯斯巴。她一把抱住这位迷惑不解的祭师，把他带回自己的住处。当凯斯巴抽身离去时，公主已经受孕。

这可真是一段漫长的孕期：直到三年零三个月后，公主才生下一个儿子。她给自己的儿子起名为孔赫沃尔·麦克·尼斯（意为"尼斯之子孔赫沃尔"）。孔赫沃尔被公认为是凯斯巴的儿子，而且，这位德鲁伊在男孩的成长过程中扮演了极为重要的角色。孔赫沃尔的生活在他七岁时发生了彻底改变。当时，他的母亲引起了新国王弗格斯·麦克·罗茨的注意，弗格斯问尼斯是否愿意做他的王后。尼斯答应了，但提出了一个条件：她希望孔赫沃尔将来能够对外宣称他的儿子是国王的后裔，弗格斯她要求弗格斯将阿尔斯特的王位"借给"孔赫沃尔，期限为一年。弗格斯接受了这个条件，因为他的谋士们向他保证，没有人会把一个小男孩的权威当回事。于是，尼斯嫁给了弗格斯，成为阿尔斯特王国的王后，她的儿子也在不久后被封为了"国王"，尽管从未有人怀疑过谁才是真正掌握王权的那个人。

然而，尼斯并未就此罢休。在接下来的几个星期里，她以孔赫沃尔的名义陆陆续续把自己所拥有的全部家畜和钱财，以及她能

右图 铁器技术为凯尔特人的扩张提供了支持：图中这些铁制刀具标志着凯尔特人在铁器时代所取得的惊人进步。

神话与人类

在纳万堡和边境之间,可以欣赏到现代爱尔兰最美丽的乡村:一片片绿葱葱的田野、一条条波光粼粼的小溪、一块块湿地、一堵堵干垒石墙,以及一片又一片的小树林。但是,在1993年的《唐宁街宣言》发表之后的几十年里,爱尔兰一步步陷入了"困境"。南阿马地区"强盗之乡"的恶名至今仍为人们所铭记,根据传说,尤西柳的儿子们曾在这里袭击过孔赫沃尔·麦克·尼斯统治的阿尔斯特王国;而如今,爱尔兰共和军的狙击手和英国士兵又在这里玩起了猫捉老鼠的游戏。即便是现在,如果把阿尔斯特人归属于英国人,那也是他们在历史上长期反叛的结果,是他们在面对盎格鲁-撒克逊人统治时坚持其爱尔兰人身份的结果。事实上,苏格兰和英格兰新教定居者在十七世纪刻意修建的"阿尔斯特种植园"就是针对当地的盖尔(和天主教)酋长拒不服从命令的所作所为而做出的直接回应。不过,在十九世纪七十年代或八十年代的交战中,双方到底能在多大程度上代表其各自民族最优秀的传统?这肯定是个颇具争议的问题。不过,令人震撼的是,在爱尔兰这个充其量只是在美国统治下感到不舒服的地方,神话是如何持续存在的,又是如何随着历史的变迁而改变的。而且,这也是创造新神话的方式,尤其是在这个被英国媒体贴上"强盗之乡"标签的地区。然而,这个地区的大部分居民想要的,只是和平。

够从其亲属手中搜刮到的所有家畜和钱财，悉数交给了弗格斯·麦克·罗茨手下的战士们。于是，战士们对"新国王"孔赫沃尔的慷慨大方感到非常满意。而且，他们已经对弗格斯之前的做法感到万分沮丧和大失所望，因为在他们看来，这位自己曾忠心耿耿地为之效力的君王似乎在他那份婚姻协议中将他们当作可以随意买卖的东西。因此，慷慨的新国王成了一名深受战士们爱戴的君王。一年的期限很快就到了。然而，当弗格斯宣布要恢复他的王位时，却遭到了王公贵族的一致反对：他们希望继续让孔赫沃尔担任国王，这无异于一场政变。面对这样的局面，弗格斯被迫放弃了重新登上王位的要求。终于，孔赫沃尔正式当上了阿尔斯特王国的国王。

一位伟大的国王

长大成人后的孔赫沃尔·麦克·尼斯成了一位极为出色的国王，受到了所有人的赞赏，甚至崇敬。在子民们的心中，孔赫沃尔就是他们真正的父君。虽然孔赫沃尔以勇敢和智慧闻名于世，但仍然受到了战士们的精心保护：在战场上，战士们总是冲在国王前面，唯恐他受到任何伤害。因为，如果说凯斯巴的预言已经得到证实——尼斯的儿子已经成为真正的国王，那么，尼斯本人的愿望——她儿子的儿子将会成为国王——还没有实现。

孔赫沃尔有三处富丽堂皇的宫殿。他的私人住所被称为Craebruad（意为"红色分支"，"红色"代表他所在的皇室）。被称为Craebdearg（意为"鲜红色分支"）的宫殿里保存着他收藏的敌人头颅以及他从敌人那里得到的其他战利品。而被称为Téte Brec（意为"闪闪发光的宝藏"）的宫殿的确是"闪闪发光的"，因为里面珍藏着大量珠宝，包括镶有珠宝的圣杯和盘子，装饰精美的金银匕首、剑、矛，以及编织有各种华丽图案的横幅。Téte Brec里面还珍藏着许多华丽的盾牌，包括国王自己的盾牌，他称之为Ochain（意为"美丽的耳朵"）。

"红房子"绝对算得上一处豪宅。整座房子都用紫杉木做了镶板，以抵御邪恶的咒语和鬼怪。这里一共有一百五十个房间，住着近五百名效忠于国王的战士和他们的妻子。国王自己则住在最中间的房间里，这里不但是国王摆放王座的地方，也是他接待来访者和发布命令的地方。他的头顶上悬着一根银色的杆子，杆头有三个金苹果。这既是一种护身符，也是国王权威的象征：当国王想要说话的时候，苹果会抖动起来，以示意其他人保持安静。墙壁四周是富丽堂皇的紫铜屏风，屏风上精心雕刻着展翅欲飞的金、银小鸟，用珠宝制作的小鸟眼睛闪烁着耀眼的光芒。

作为无比慷慨的主人，孔赫沃尔拥有一口奇妙的大锅。这口锅总是装满了深黑色的啤酒，所以被称为 Ol Nguala（意为"煤缸"）。国王从一次突袭中得到了这口锅，并将其作为战利品带了回来，然后将其放在摆放王座的房间里，这样，他的英雄们就可以随时来喝个痛快了。

他的头顶上悬着一根银色的杆子，杆子顶端有三个金苹果。

战斗即将打响

费德利米德·麦克·戴尔是专门为孔赫沃尔讲故事的人，也是这位国王最亲密的伙伴之一。一天晚上，国王和他手下所有的战士应费德利米德之邀前往他的住处聚会。他们开心地一边喝着酒，一边唱着歌。费德利米德的妻子则忙着给他们送上各种各样的新鲜食物。

左图 图中这把张开双臂的人形凯尔特青铜剑柄，真可谓妙趣横生。

她的行动显得有些笨拙，因为她有孕在身，而且即将临盆。后来，天色渐晚，她觉得疲惫不堪，便决定趁男人们继续狂欢的时候小心谨慎地溜走，打算到床上小睡一会儿。她悄悄地向门口走去，一开始并没有引起大肆喧闹的男人们的注意。然而，她肚子里的婴儿突然发出了一声震耳欲聋的尖叫。房间里顿时陷入了一片寂静，被吓得目瞪口呆的男人们一动不动地坐在那里，满脸惊恐。令他们感到既恐惧又困惑的是：那是什么可怕的声音？什么人能发出如此令人感到害怕的尖叫声？费德利米德的妻子也被吓坏了，傻傻地站在那里。

在场的所有人都惊恐地盯着她。看到大家脸上的表情稍稍恢复了平静，费德利米德把妻子叫回房间中央，问她有没有感到腹中一

右图 这只"桶"是木制的，但外表裹着一层青铜，发现于肯特郡艾尔斯福德。桶里装有火化后的人体遗骸。

阵又一阵的绞痛或痉挛。她没有理会丈夫的询问，而是结结巴巴地请求德鲁伊凯斯巴给她解释清楚这个令她感到万分困惑的问题：她肚子里的婴儿怎么会或者为什么会发出如此可怕而痛苦的尖叫声？凯斯巴回答说，发出如此骇人的尖叫声的，不是婴儿，而是一个迷人的成年女性——她长着一张极富魅惑力的脸庞，鬓角上盘绕着卷曲的金色秀发；她的双眼闪着绿色的光芒；她微笑着，露出一口洁白的牙齿；她的芳唇是那样鲜红；她的两颊微微泛红，透着地黄花般的粉红色。只要见过她，无人不会为她那倾国倾城的容颜而神魂颠倒。英雄们会为她拼死战斗，战争会因她而爆发。凯斯巴继续说道："她将被取名为迪尔德丽。她很漂亮，但只会给我们带来无尽的冲突和争抢。"

女婴出生后不久，德鲁伊凯斯巴再次被招来预言她的未来。这一次，他对女婴迪尔德丽本人发出了警告："费德利米德·麦克·戴尔的女儿，你迷人的面庞和身材会令男人们哭泣，也会令女人们因嫉妒和怨恨而蜷缩在家里；因为你的出现，整个阿尔斯特都将不得安宁。你的面庞犹如美丽的火焰，必将令愤怒之火在整个王国熊熊

下图 图中所示为一处凯尔特酋长居住的圆形房屋。这栋房屋是在南威尔士新港郊外的亨利城堡原始地基上重新建造而成的。

你的面庞犹如美丽的火焰，必将令愤怒之火在整个王国熊熊燃烧。

燃烧，也必将令众英雄流亡他乡。"最后，他预言道："你将永远楚楚动人、美丽可爱，但是，绝不会有人将你的一生讲述为幸福的故事。相反，这将是充满各种伤亡、流血和罪恶的故事。最终，你将独自一人躺进坟墓里。"

听到这样的预言，周围的人发出了一片喧嚷声：在场的许多人要求当场杀死这个女婴——怎么能允许这样的危险之源活着呢？但是，凯斯巴否决了他们的要求，因为国王已经看中了她。于是，凯斯巴提出，应该让人把迪尔德丽带走，并将她抚养成人。于是，迪尔德丽被带到了一个远离王宫的地方，过着几近与世隔绝的生活，身边只有养父母和保姆勒伯查姆。就这样，她度过了整个童年时代，渐渐出落成了一位亭亭玉立的美丽少女。

"想象一下，有一个这样的男人……"

一个寒冷的冬日，迪尔德丽的养父在家门口剥下一头小牛的皮。这时，小迪尔德丽看见一只渡鸦俯冲了下来，开始啄食血迹斑斑的积雪。看到这一幕，少女突然产生一个念头。当她从房间里走出来和保姆勒伯查姆待在一起时，迪尔德丽向后者说出了这个念头。在这位天性乐观的少女看来，这只渡鸦不是她的结局凄凉的征兆，反倒是一个令人兴奋的预兆。她若有所思地说："想象一下，有一个这样的男人：他身上有着三种颜色——头发像渡鸦的羽毛一样乌黑发亮，脸颊像小牛的血液一样鲜红艳丽，皮肤像积雪一样洁白无瑕！"少女坚持说，她的病在见到这个男人之前不会好。

保姆告诉她，这样的男人确实存在，而且事实上就在离她不算太远的地方：他叫尼舍，是凯斯巴的弟弟尤西柳的儿子。因为渴望见到这位"完美的"少年郎，有一天，迪尔德丽走了很远的路，终于走到了艾汶。当迪尔德丽从站在城墙上的尼舍身旁走过时，这位英俊少年正怡然自得地哼着小曲。对迪尔德丽的美貌感到激动不已的尼舍惊奇地望着她，却毫不怀疑这位陌生姑娘的身份。尼舍知道，这是他叔叔的意图：和她在一起比自己的生命还重要。但是，他还是忍不住对姑娘说："真是一头漂亮的小母牛啊！"听他这么

说，迪尔德丽立刻反驳道："你想干什么？小母牛在没有公牛打扰的地方长得好极了！"尼舍以讥讽的口吻回答道："你可以随意支配整个阿尔斯特最强大的那头公牛呀！你不是我们伟大的国王选中的情人吗？！"

少女回答说："可我宁愿跟一头更年轻的动物相好。你这么说是在拒绝我吗？"尼舍回答说："我的确是在拒绝你，因为你是属于国王的。"但事实上，迪尔德丽并没有接受对方的"拒绝"；她一把揪住她相中的男人的耳朵，把他拽到了自己身边。惊愕不已的尼舍疼得大叫起来。尼舍的兄弟们听见他的喊叫声后急忙冲出来帮他。

眼见尼舍已经被迪尔德丽的美貌迷得神魂颠倒，他们不禁担心起来——既为尼舍担心，也为整个阿尔斯特王国担心。尽管如此，他们从未有过要抛弃自己兄弟的念头，而是当场达成协议：和他们所有的支持者一起离开阿尔斯特王国，偷偷把这对恋人带到安全的地方。

上图 初次见到尼舍时欣喜若狂的迪尔德丽。在这个版本的故事中，尼舍当时正外出打猎。

第二章
阿尔斯特战争

背井离乡

就这样,他们开启了逃亡之旅。在接下来的几个月乃至几年里,他们来回奔波于爱尔兰各个地方,期间不断受到孔赫沃尔·麦克·尼斯派来追捕他们的军队的骚扰。最终,他们漂洋过海逃到了苏格兰西南部。在那里,他们生活在远离文明的空旷荒野中,也无须遵守任何法律秩序。他们就像一群强盗一样,一边逃亡一边从那些边远的定居点抢走能抢到的一切东西。不可避免地,他们的所作所为引发了他们与阿尔巴国王之间的冲突,当时,苏格兰的这个角落是阿尔巴国王的领地。为了避免一场毫无获胜希望——也毫无意义——的殊死搏斗,尤西柳的儿子们与这位苏格兰统治者达成了和解,成为他的雇佣兵。

似乎一切都很顺利:这一家子似乎终于为自己找到了避难所。他们为自己建了小村庄,想着在这里安顿下来。不过,即使到了这个时候,他们的一举一动仍然十分小心谨慎。兄弟们把自己的小屋建在尼舍和迪尔德丽的家周围,这样,他们的"公主"就能够尽可能地远离他人的视线。事实证明,他们的谨慎行事是明智的。但不幸的是,这样的小心谨慎仍旧远远不够,因为没过多久,楚楚动人的迪尔德丽就被人发现了。阿尔巴国王听说了这位爱尔兰女子的绝世美貌,便开始派信使前去纠缠她。信使们每天都去向她献殷勤,用他们能想到的一切承诺诱惑她去见他们的国王。然而,令国王感到万分失望的是,信使们每天晚上都带着迪尔德丽的断然拒绝向他复命。

久而久之,国王的失望变成了愤怒。于是,尤西柳的儿子们不再被当作受欢迎的盟友,而是再次被视为闯入他人领地的入侵者。结果,阿尔巴国王的士兵们对他们发起了攻击。敌对行动愈演愈烈,尤西柳一家的处境越来越岌岌可危:他们进行了英勇抗击,但他们的顽强抵抗只会越发激怒阿尔巴国王。毕竟,他们已经背井离乡,被困在了敌人的领地上。

> 他们生活在远离文明的空旷荒野中。

狼狈返乡

最后，阿尔巴国王把全国各地的士兵都召集起来：决心不惜一切代价也要抱得美人归。他知道，尤西柳的儿子们将为迪尔德丽死战到底，但不管怎样，他一定要把他们全部杀掉，一个也不留——没有什么能阻止他把这位爱尔兰美人娶回来做他的王后。迪尔德丽听说之后，便把尼舍和他的支持者们叫到了一起，并告诉他们：她绝不能让他们因为她而被全部杀死，他们无论如何都得逃走。

于是，他们又一次亡命天涯。这次，他们登上了一个近海小岛，显然，这里也只不过是临时避难所罢了。不过，与此同时，尼舍出事的消息传回了阿尔斯特。当然，孔赫沃尔绝不会为尼舍的遭遇感到多么难过。国王勉为其难地接受了他人的劝说，对深陷困境的尤西柳一家给予"适当同情"，最终同意让这些"难民"回到他们的家乡。他任命阿尔斯特的前任国王——也是他的对手——弗格斯·麦克·罗茨为使者，前去告诉尤西柳的儿子们：只要他们能够做到和平归来，就承诺确保他们安全通行。然而，在同尤西柳的儿子们一起返回艾汶玛查的旅途中，弗格斯被孔赫沃尔派出的另一位信使拦住了去路，后者让他绕道去参加一场皇家宴会。按照凯尔特人的礼仪规矩，拒绝这样的邀请是十分不得体的。所以，弗格斯不得不撇下了尤西柳的儿子们，让他们自己继续赶路。就这样，现任国王假借前任国王之手达到了他的目的：弗格斯的中途离去把尤西柳的儿子们置于万分危险的境地，因为这样一来，确保他们安全通行的承诺实际上已经失效了。

除此之外，善于精打细算的孔赫沃尔想要确定，他所追求的"宝贝"没有随着时间的推移而失去其原本的"价值"。因此，他还派人前去窥探了一番。他派迪尔德丽以前的老保姆勒伯查姆前去迎接这群刚刚归来的"客人"，并进行了一番查验，只是为了确保他所做的这一切都是值得的。不过，这位保姆依然对她的老主人忠心耿耿，因为她打心眼里希望迪尔德丽幸福快乐。于是，她回来报告国王，迪尔德丽的美貌正在一天天逝去。然而，孔赫沃尔实在太过狡猾，并没有完全相信这位老保姆的话。当"客人们"到达艾汶玛

尤西柳的儿子们一定会为迪尔德丽死战到底。

查并被安置在"红房子"后,孔赫沃尔立刻派了一名男性使者前去查看,而这名使者带回来了截然不同的消息。他报告国王说,迪尔德丽甚至比以前还要美丽动人,尽管这可能令人难以想象。到了这个时候,孔赫沃尔决定继续推进他的计划,便派了代表团前往"红房子"正式欢迎这些归来者。代表团由欧汉·麦克·杜特哈特带领。他是一个小国的领主,以前曾和"大国王"孔赫沃尔闹过矛盾,所以希望借此机会通过帮助孔赫沃尔而重新赢得青睐。欧汉一边假装极为恭敬地跟尼舍说着话,一边猝不及防地拿起长矛刺穿了尼舍的身体。对这一突发事件感到万分震惊的尼舍的支持者们还没来得及做出任何反应,战斗已经开始了:孔赫沃尔派去的人抢得了战斗的

右图 悲痛欲绝的迪尔德丽正在为死去的尼舍献上衷心的挽歌。

为禁忌所困

对于生活在当今这个时代的我们来说，要理解早些时候的人听到孔赫沃尔·麦克·尼斯在这件事上对弗格斯·麦克·罗茨所采取的种种所作所为时所感受到的那种愤怒，绝非易事。在孔赫沃尔的逼迫之下，弗格斯因必须遵守凯尔特习俗的一项铁律——友好地接受伙伴的款待，而打破了另一项铁律，出卖朋友。孔赫沃尔国王在策划这个计划时的冷漠犬儒态度令人震惊：利用弗格斯自己的小心谨慎来对付他，这种做法不仅仅完全无视社会规则，更是对社会规则的无情嘲弄。

在某些学者眼里，孔赫沃尔就是凯尔特人中的马基雅维利。有人认为，总体而言，他的所作所为似乎代表着一种全新的、无情的实用主义政治的开端，而这种政治的宗旨，完全是为了达到投机取巧的世俗目的。

主动权，也抢走了可怜的迪尔德丽。虽然尼舍的兄弟们进行了英勇反抗，但最终还是不得不放弃了迪尔德丽。他们被迫撤退了，以重新积蓄力量。

尤西柳的儿子们只得再次离开自己的故国家园，继续亡命天涯。不过，他们这一次走的是陆路。他们一路向西，最终到达了艾利尔·麦克·马塔和他的王后梅芙女王统治的康纳赫特王国。由于过去的痛苦经历，他们对这个世界不再抱有任何幻想。他们心里很明白，康纳赫特人之所以对他们予以了慷慨接待，并不是基于对他们的热情，而是基于对阿尔斯特王国的敌意。但是，乞丐哪有资格挑三拣四呢？而且，他们打算联合康纳赫特向阿尔斯特宣战。对即将卷入战争的康纳赫特和尤西柳的儿子们来说，这样的联盟对双方都是十分有利的。到此时，已增至三千人之多的尤西柳部族已经成为一股强大的力量，俨然一个流亡他乡的小阿尔斯特王国，在康纳赫特国王的保护下过着独立自主的生活。在随后的几年里，他们不断地骚扰自己的祖国——不断袭击阿尔斯特的边境地区，杀害阿尔斯特人的男性后代，抢走阿尔斯特人饲养的牲畜。弗格斯对他的篡位者利用自己的好名声和诚信来施展阴谋诡计感到怒不可遏，便选择与这些流亡者并肩作战。

由于他们的联手攻击，每个阿尔斯特人家庭每天都会因失去亲人而哀恸不已，孔赫沃尔的生活也成了一场悲剧。

右图 悲伤的迪尔德丽把尼舍的头颅紧紧地抱在怀里，轻轻地摇晃着，独自一人可怜地坐在荒野中，身边连一个给予她哪怕一丁点儿帮助或安慰的人也没有。

悲伤的迪尔德丽

然而，相较于被国王强行霸占，迪尔德丽所承受的一切，所有的悲痛都不值一提。据说，在爱侣被杀之后整整一年时间里，迪尔德丽从未露出过一丝欢颜。为了哄得美人的顺从，国王送了她许许多多特别的礼物和酒食；为了让美人高兴起来，国王还专门请了乐师为她演唱小夜曲。但是，国王很快发现：他无论怎么做都无法赢得迪尔德丽的芳心。美酒怎么能吸引这位曾与可爱的心上人坐在一起开怀畅饮的女人呢？又有什么样的美味佳肴能弥补她失去挚爱的悲痛呢？她对国王派来的乐师们说，他们吹奏的音乐也许能取悦国王，但无法让她高兴起来，因为她听过尼舍轻快的歌声，也喜欢和他在一起时所过的那种温柔和谐的生活。

"我爱他满头的金发。"迪尔德丽说，"还有他那像大树一样伟岸挺拔的男子汉身姿。不过，我现在再也不必留意他潇洒优美的身姿了，也不必日日等他回家了。我爱他谦逊的羞怯，正如我爱他英勇的力量一样；我爱他的温文尔雅，正如我爱他炽热的欲望一样。当我们在树林里露营时，我最爱看他每天早上在晨曦中醒来时的样子。当然，我也爱他那双令男人颤抖、女人向往的蓝眼睛，就如同我爱在我们穿过森林最黑暗的深处时聆听他那令人安心的歌声一样。没有了他，我夜不能寐，每天起床只是为了虚度光阴；没有了他，我也就没有了染指甲、梳妆打扮、微笑、甚至吃饭的理由。在这满是排场和繁文缛节的深宫里，在这一群贵族中，我能找到什么乐趣呢？什么样的宫殿能够宏伟到足以让我忘记内心深处的悲恸呢？"

这样的忧郁神态使迪尔德丽显得越发美丽迷人，也深深打动了孔赫沃尔，他深深地、真诚地爱上了迪尔德丽。然而，日子一天天

"当我们在树林里露营时，我最爱看他每天早上在晨曦中醒来时的样子。"

左图 悲伤者迪尔德丽。在苏格兰艺术家约翰·邓肯（1866—1945）创作于1900年的这幅画作中，迪尔德丽成了某种"凯尔特式"痛苦情感的象征。

过去了，这位心上人却没有丝毫服软的迹象，国王的爱恋渐渐变成了怨恨。可是，无论国王多么愤怒，迪尔德丽一点也不在乎，也没有丝毫的惧怕：她告诉国王，反正她活不长了。国王想要惩罚她，便问她："谁是你在这个世界上最恨的人？"迪尔德丽回答说，她最恨的就是孔赫沃尔本人，其次是欧汉·麦克·杜特哈特，因为他杀害了她的心上人。然后，国王残酷地说，他要把迪尔德丽送给欧汉，让她日日夜夜和杀害尼舍的凶手生活在一起。第二天早上，国王派人把欧汉召进了王宫，并让他把迪尔德雷带回自己的住处。就在欧汉准备驾车带着迪尔德丽离开时，孔赫沃尔自鸣得意地叫嚷道："瞧瞧，迪尔德丽是多么幸运啊：她就像一只母羊，可以在我和欧汉这两只漂亮的公羊中挑选一只。"听到如此恶毒的讥讽，迪尔德丽终于下定决心，不再被动接受命运的安排：她纵身跳下战车，一头撞在一块岩石上，当场香消玉殒。

迪尔德丽——爱尔兰的象征

先有爱尔兰神话，然后才有迪尔德丽。她的故事几乎涵盖了一切，从令人陶醉的美貌到命运多舛的爱情及悲惨的死亡。也许更重要的是，在现代人看来，这位传奇的女主角身上体现了"凯尔特人"所有的特质，她的命运也象征着爱尔兰的命运。事实上，在二十世纪初的"凯尔特复兴"时期，以迪尔德丽的故事为中心创作的戏剧不下于五部。她的生活激发了众多大师的创作灵感，包括威廉·布特勒·叶芝、约翰·米林顿·辛格和乔治·罗素，等等。她最大的魅力在于其深刻的模糊性，因此，她既可以被"解读"为性感的诱惑者，也可以被解读为陷入困境的少女。她代表了一种既阴险狡诈又多愁善感的女性气质。一方面，作为爱尔兰版本的"特洛伊海伦"，她的美貌让伟大的英雄们陷入了冲突，并最终导致了可怕的死亡；另一方面，她也是无辜的受害者，遭遇了背叛和欺辱。

对于辛格来说，迪尔德丽故事中那种纯粹的悲伤似乎深深吸引了他；而令人惊讶的是，在叶芝这样的潜修者看来，迪尔德丽的故事更为世俗化。在他创作的戏剧中，叶芝用一连串政治性讽喻将康纳赫特塑造成了一种粗鄙野蛮、恃强凌弱的皇权的化身，在他看来，这与英格兰对爱尔兰的统治并非全然不同。

库丘林的降生

孔赫沃尔继续统治着阿尔斯特,但他的王国似乎仍然经受着玛恰在临死前给所有阿尔斯特男人所下的那道诅咒。有一天,一群鸟儿突然降临到阿尔斯特王国的土地上,疯狂地啄食着田野里生长的一切东西。这群鸟儿飞遍了整个王国,每到一个地方都把眼前的东西啄食得一干二净。因此,孔赫沃尔召集了所有的人手同他一起去捕鸟。国王的妹妹黛克泰尔决定跟哥哥和丈夫苏尔泰姆·罗茨一起去捕鸟。于是,三人驾着战车紧追鸟群出发了,就像是去和敌人打仗一样。但是,他们似乎怎么也追不上这些神奇的鸟儿。这些掠食者每一只都用银链与配偶连在一起,成双成对地飞越天际,然后又组成了更大的群体进行抢劫。好奇的村民们数了数,一共有九个这样的鸟群从空中飞过。

国王和他的同伴们追着鸟群一路向南,很快就抵达了现在称之为米斯郡境内的博因河山谷附近。他们在这里遭遇了一场暴风雪,无法继续前进,便决定就地找个地方过夜。

下图 传统意义上认为,米斯郡的纽格兰奇是赛坦塔,也就是后来的库丘林的出生地。

赛坦塔杀死了库兰的猎犬，便心甘情愿地充当库兰的猎犬，并亲自替他看守房子。

结果，他们只找到了一间住着一对夫妇的小屋。夫妇俩很穷，还是热心地向这群尊贵的客人敞开了家门。

但到了晚上，孔赫沃尔等人听到了一阵哭声。这时候，男主人出现在客人们面前，解释说他的妻子已经临盆，正在生孩子。当时，除了女主人之外，黛克泰尔是在场所有人当中唯一的女性。于是，黛克泰尔立刻前去帮忙，并成功地接生了一个男婴。与此同时，马厩里的一匹母马也产下了一对小马驹。第二天早上，当孔赫沃尔一行人醒来时，小屋和住在此处的那对夫妇，以及那些鸟儿，全都不见了。环顾四周，他们所能看到的，只是一片开阔的田野。传统意义上认为，他们当时所处的位置就是后来被称为博因河考古遗址古建筑群中最大的那座土堆。（作为欧洲最重要的史前巨石文化遗址，这个新石器时代的墓葬遗址是爱尔兰最令人印象深刻的巨石纪念碑之一，位于博因河拐弯处，通常被称为纽格兰奇墓。）但是，那个初生的男婴还在，那对初生的小马驹也在。国王和他的伙伴们认为这是一个预兆，于是决定由黛克泰尔收养这名婴儿，并把小马驹带回王宫，作为送给这个男孩的礼物。黛克泰尔就像照顾自己的孩子一样照顾着这个日渐长大的男孩。

但是，孩子不久后就因生病夭折了。

悲痛欲绝的黛克泰尔哭得嗓子都哑了，渴得要命，便要了一杯酒喝。这时，一只蜉蝣停在了黛克泰尔的酒杯口，但黛克泰尔并没有注意到，把酒喝了下去。就这样，这只蜉蝣从酒杯滑进了黛克泰尔的嘴里，又被她吞进肚子里。蜉蝣在黛克泰尔的肚子里慢慢长大了。后来，黛克泰尔诞下了一个英俊的男婴。她给男婴取名为赛坦塔。赛坦塔是一个英俊而非凡的男孩，还不会因玛查的诅咒而导致体弱多病，也许这是因为他说不清楚的出身以及他母亲奇怪的受孕方式。黛克泰尔遭受的阵痛也似乎对他大有裨益：玛查女神诅咒每当麻烦来临时，阿尔斯特的战士们都将行动受限，只能无助地扭动着身体；但是，赛坦塔能抖擞精神，随时准备投入战斗。

赛坦塔——阿尔斯特之子

谁都不知道赛坦塔的生父是谁,甚至没有人知道他是否真的有所谓的"亲身父亲",孔赫沃尔的战士们各自使出了十八般武艺,只为获得将这个男孩养大成人的荣誉。最后,一名德鲁伊裁定:这个男孩将由国王亲自抚养;至于国王的战士们,他们将各自为赛坦塔的健康成长贡献自己的一份力量,把他们的独特才能、技能倾囊传授给这个男孩,只有这样,才能将他培养成为全面发展、完美无缺的典范。著名的游吟诗人阿默金·麦克·埃希特被授予了一项特殊职责,那就是担任赛坦塔的导师,他的妻子芬察姆则顺其自然地成了男孩的养母。

左图 赛坦塔杀死了库兰的猎犬;这一此举最终让他获得了自己的绰号:库丘林。

在这对夫妻的悉心照料和指导下，塞坦塔渐渐长大了。他体格健壮、武艺高强，而且性情真挚而勇敢、举止文雅而彬彬有礼、言谈极具说服力，甚至富有诗意。赛坦塔很小的时候就展现出了非凡的勇敢和镇定：他在五六岁的时候就已经是体育场上的明星了。在一场爱尔兰式曲棍球比赛中，他独自一人把一百五十个比他大得多的男孩打了个落花流水。这样的出色表现令在现场观看比赛的孔赫沃尔大为赞赏，便邀请赛坦塔参加当天晚上举办的宴会，国王本人也将参加。宴会在铁匠库兰的家里举办，但国王忘了把这位"不速之客"的事情告诉库兰。所以，国王一到，库兰便松开了拴住他用来看守家门的那条巨型猎犬的链子。要控制住这头凶猛的动物，需要三条链子将其拴住，而每条链子都需要三个凯尔特战士才能拉住。然而此时，这条巨型猎犬正在库兰家周围的封闭区域里自由奔跑。过了一会儿，小男孩优哉游哉地走了过来。当这头野兽扑向小男孩的喉咙时，他似乎毫无防备。然而，塞坦塔挥了挥手里的球棒，把一颗曲棍球打进了猎犬的喉咙里，竟然将其打死了，然后继续往前走。痛失爱犬的库兰非常难过，于是，赛坦塔答应重新给库兰训练一头猎犬。在此期间，赛坦塔心甘情愿地充当库兰的猎犬，亲自替他看守房子，并将自己的名字改为库丘林（意为"库兰的猛犬"）。

向埃默尔求婚

库丘林长成了帅小伙，英俊的相貌简直无人能比：但凡见过他的女人，无不为之神魂颠倒。因此，孔赫沃尔的战士们都开始警觉起来。大家达成一致意见：必须迅速为这个英俊帅气的小伙子找个妻子，只有这样，阿尔斯特王国的男人们才可以安心些！于是，使节纷纷被派往全国各地，寻找能够配得上这位青年才俊的美丽少女，但是，库丘林心里已经有了一位心仪已久的姑娘。她就是弗格尔·莫纳赫的女儿埃默尔。库丘林驾着战车前去向她求婚，碰巧在路上遇到了正和女伴们外出散步的埃默尔。姑娘也对这位英俊少年一见倾心，少年开口说话的样子更是令她钟情。

不过，埃默尔的父亲并没有答应库丘林的求婚。弗格尔·莫纳赫不愿意把女儿嫁给这个在他看来武艺平平的年轻人,便向他提出了一项挑战:他必须前往阿尔巴王国向斯卡塔赫,即影之国女王拜师学艺。据说,这位著名的凯尔特亚马孙人住在敦斯加泰希。这里后来成为麦克唐纳家族的一处闻名遐迩的居住地,但当时还只是斯凯岛海岸的一座山堡。显然,弗格尔的本意就是想让这个年轻人去送死,因为这将是一项极为危险的试炼:斯卡塔赫的弟子常常活不到出师的那一天。但是,库丘林怀着对埃默尔的爱慕之心欣然接受了这项挑战。他历尽艰辛,终于来到了斯凯岛,并立即投身到斯卡

左图 在众多的爱尔兰美女中,库丘林独爱一人,她就是埃默尔。

右图 梅芙女王走出去迎接年轻的库丘林；一场宿命世仇就此开启。

塔赫门下修炼各种技艺。不久之后，他不但赢得了斯卡塔赫的尊重，更是赢得了她持久的忠诚和信任。斯卡塔赫对这位年轻勇士相当赏识，不但将自己的武技、魔法和兵法倾囊传授于他，还把盖尔布尔加赠送给了他，并教会他如何使用这支十分邪恶的魔法长矛。盖尔布尔加用十分可怕的海怪骨头制作而成，矛身布满倒刺。后来，库丘林和师傅并肩作战，帮助她战胜了另一位女战士——也是她最残忍、最强大的对手——奥菲。奥菲提出要与斯卡塔赫单挑，库丘林代师出战。出战前，斯卡塔赫告诉库丘林，奥菲最不放心的，就是她心爱的战马和战车。奥菲和库丘林打得难解难分，但女战士还是更胜一筹，一拳击碎了库丘林的剑。当她准备杀死库丘林时，库丘林突然大喊道："快抓住奥菲的战马和战车，它们就要掉到山谷里去了！"奥菲猛然回头，瞬间错失战机。就这样，库丘林战胜了这位女战士，把她扛回了营地并要求她作自己的情妇。为了活命，奥菲答应了库丘林的要求。不仅如此，她还同意给库丘林生一个儿子，并独自将这个孩子抚养到七岁，然后把他送到爱尔兰去找他的父亲。库丘林在离开之前给了奥菲一枚戒指，嘱咐她给他们未来的儿子戴上；这样，库丘林日后在见到自己的儿子时就能将其认出来。库丘林还嘱咐奥菲：给他们未来的儿子取名为康拉，但绝不要向任何人透露儿子的名字。

库丘林初次踏上斯凯岛时就已经是一名优秀的战士，学成回国后更是成为欧洲最伟大的英雄。然而，他发现，弗格尔趁他外出学艺时把埃默尔许配给了芒斯特国王卢盖德·麦克·罗茨。国王当然十分愿意接受这桩美事，甚至已经抵达弗格尔家所在的城堡，以迎娶他的新娘。但在得知库丘林也钟情于埃默尔后，卢盖德打消了自己的念头。为了迎娶自己的新娘，库丘林必须进行一场漫长而激烈的战斗：单是突破弗格尔部署在自己家周围的军队，库丘林就花了整整一年的时间。不过，一旦打通了通往城门的道路，他便驾着战车向最后一道防线冲去，他一路上杀死了三百多人，终于冲进了弗格尔所在的大殿。他左右挥舞着手里的剑，逢人便砍。在场的所有男人中，他只放过了埃默尔的兄弟们。至于弗格尔本人，他独自一人逃出了大厅，却从自家的城垛上掉了下来，当场就摔死了。看到埃默尔瑟瑟发抖地站在那里，身边还站着她亲爱的妹妹，也是她的同伴，库丘林一把将她俩抱进怀里，然后逃了出去。

一个关乎荣誉的问题

我们总是认为，神话和传说所代表的，是从遥远的过去一直流传至今的古老的价值观。从根本上说，它们展现了已经发生变化的世界的各个方面。但是，神话和传说有时候也表明了传统的局限性及彻底改变旧观念的必要性。库丘林大获全胜后带着他美丽的新娘返回艾汶玛查的故事就是这样的例子。他们在迈进艾汶玛查才突然想起,根据阿尔斯特的既定习俗,埃默尔将不得不与国王孔赫沃尔度过自己的新婚之夜。

让像库丘林这样伟大的英雄和其他男人分享自己的新婚妻子是绝无可能的,同样地,让国王孔赫沃尔放弃他与别人的妻子共度新婚之夜的特权也是绝无可能的,因为如果这么做,他将违背阿尔斯特既定的风俗习惯。所以,双方最终达成了妥协:阿尔斯特王国最

右图 苏格兰画家斯蒂芬·里德眼中的库丘林,选自他为埃莉诺·赫尔的作品《男孩们眼中的库丘林》所作的经典插图(1904)。

高级别的两位官员，即国王的德鲁伊父亲凯斯巴和前任国王弗格斯，将陪埃默尔一起在国王的床上度过她的新婚之夜，以确保不出任何差池。

相似的降生

对我们而言，这些古老的爱尔兰传说也许只会让我们想起一个极其陌生的年代，无论那个年代的人有多么英勇。生活在那个时代的勇士们赖以生存的荣誉准则与我们现在所必须遵循的道德准则几乎没有什么共同之处；促使他们采取行动的那些预兆——无论是令他们感到恐惧的预兆，还是令他们感到欣喜的预兆——与现代人所信奉的宗教或者所推崇的思想毫无关联。然而，即便如此，我们也必须牢记，这些故事是由中世纪的修士抄写员们传下来的：我们对他们心存感激，也应该对他们有所怀疑。也许，他们在抄写这些故事时做过一些篡改，我们大多只能进行一些推测。例如，许多学者认为，在某些更为早期的版本中，参与阿尔斯特战争的那些英雄全都是神祇，而非凡人。

不过，修士抄写员们有时候也会非常清楚地表明自己的立场，以及那些颇具争议的利益冲突。例如，在现存的文献资料中，许多文本都在描述这样一个事实：孔赫沃尔降生时的情形与耶稣降生时的情形极为相似。这似乎很奇怪，因为这位早期的阿尔斯特国王似乎并不是那么具有教化意义的榜样，但这的确起到了将这个爱尔兰故事完全纳入基督教年表的作用。

库丘林身上也具有某些耶稣式特质，其中最引人注目的，莫过于他降生时的情形，似乎是在刻意讲述一个与耶稣类似的故事。在故事的开头，黛克泰尔是已婚妇女，也没有迹象表明她与苏尔泰姆·麦克·罗茨的婚姻已经破裂，但她的受孕显然是非性的。的确，根据某些传说，黛克泰尔在怀上塞坦塔之前仍然是"一个纯洁无瑕的处女"，似乎她就是凯尔特神话中的玛丽，库丘林则是另一个耶稣。

右图 卢卡·佐丹奴（1634—1705）的作品《天使报喜》。根据凯尔特神话现存文本中的大量描述，孔赫沃尔·麦克·尼斯降生时的情形与耶稣降生时的情形极为相似。也正因为此，这个爱尔兰故事已经被列入基督教年表。

惨绝人寰的父子团聚

婚礼庆典结束后，库丘林和埃默尔在库丘林的大本营邓克多建立了自己的家园。就像所有夫妇一样，他们享受着幸福的家庭生活。与此同时，库丘林当初留在斯凯岛的儿子康拉正在一天天长大。按照约定，奥菲在康拉长到七岁时把他送到爱尔兰，让他去找亲生父亲。奥菲把自己所有战斗技能都教给了康拉，这位少年已经不亚于任何成年战士。因此，有一天，康拉走到邓克多，遇到库丘林最优秀的战士之一康诺尔·卡纳赫时，小家伙一点儿也不担心害怕。当被问及来意和出身时，化名康莱的康拉拒绝说出自己的真实身份。而他之所以这么做，正是为了遵守父亲在他出生前要求他必须遵守的诺言。

在康诺尔看来，这是对自己的侮辱。于是，他向康拉发起了挑战，但片刻之间便被对方打败了。对于康诺尔来说，这简直是奇耻大辱。这时，库丘林从家里走了出来，看看外面发生了什么事情。他也要求小男孩说出自己的名字，但康拉再次拒绝了，尽管他心里承认，要不是必须遵守不得向任何人透露自己身份的诺言，他是会欣然照办的，因为他从库丘林的身上感受到了某些能让自己产生共鸣的东西。然而，令人遗憾的是，父子俩都没有意识到这一点，反

左图 邓克多城外的史前墓石牌坊。这里曾经是一个坟堆的中央墓室，现在成了一座纪念远古之秘的牌坊。

而打了起来。康拉的武技立刻使库丘林陷入了一场苦战：小男孩的剑围绕库丘林的身体转了一两圈，然后"嘶"的一声一剑把这位大英雄头顶上的头发剃了个精光。不过，小家伙的个头实在太过矮小，为了与对手搏斗，他不得不站在高高的岩石台阶上。后来，父子俩双双掉进了海水里。他们都想把对方按在水里淹死，但谁也没办到。最后，苦战不下的库丘林使出了自己的撒手锏：他突然对准小男孩用力投出了邪恶的盖尔布尔加矛。由于从未有人教过康拉如何躲避尖锐长矛的袭击，他没能躲过父亲的这一记偷袭。奄奄一息的小康

被遗忘的婚外情

库丘林的情人数不胜数：没有哪个女人能够抗拒他英俊的容貌和强大的力量。埃默尔对自己能够成为这位伟大英雄的妻子感到心满意足，所以对库丘林的风流韵事总是装作毫不知情的样子。然而有一件事情还是让她感到大为恼火的，那就是丈夫对海王曼南·麦克·李尔美艳无双的妻子范德的爱。库丘林和范德的初次相逢是相当不愉快的：当化身为海鸟的范德和姐姐利班从库丘林面前飞过时，后者居然从地上拾起一块石头砸她们，这让姐妹俩很是愤怒，便化身为女妖降落到地面，用马鞭狠狠地抽打这位英雄，致使他在整整一年的时间里一直卧病在床、无法动弹。即使在那个时候，范德也只是在库丘林同意帮助她抗击敌人的情况下才治愈了他的伤口，或者更确切地说，将其从自己施展的咒语中解救出来。然而，谁也没有想到的是，二人在并肩作战中相爱了。这是一段令埃默尔觉得自己无法与之抗衡的感情。于是，勃然大怒的埃默尔带着一帮"闺密"——她们全都挥舞着大刀——前来找库丘林算账。范德被这位倍感委屈的妻子的深情所感动，也为她的真诚倍感羞愧，便决定放弃这段感情。范德的丈夫也松了一口气，在妻子和库丘林之间挥舞着遗忘斗篷，就这样，一切都被遗忘了，就好像从未发生过一样。

上图 埃默尔指责库丘林背叛了他们的爱情。

拉无助地躺在冰冷的海滩上。直到此时，库丘林才弯腰俯视倒在地上的"敌人"，他看到了奥菲戴在儿子手上的那枚能够表明其身份的沉甸甸的戒指。库丘林这才明白：这位"死敌"是他唯一的亲生儿子。

有人说，在父子俩当年殊死搏斗的劳斯郡海滩上，至今仍能看到康拉倒下时双脚陷入岩石里所留下的痕迹。

知道儿子的身份后，库丘林把濒死的康拉抱到了阿尔斯特的贵族们面前。康拉与阿尔斯特战士一一道别并亲吻了他们，然后永远合上了双眼。

盖尔布尔加是一支十分邪恶的魔法长矛，用海怪骨头制作而成，矛身布满倒刺。

两个猪倌之间的争斗

传说中爱尔兰最惨烈的战争之一源于两个猪倌之间的一场激烈争吵，虽然多年来他们一直是最好的朋友。一个猪倌名叫弗里赫，效力于康纳赫特王国的地方统治者奥奇内；另一个猪倌名叫鲁希特，效力于芒斯特王国国王卢盖德。这两个猪倌都不是普普通通的农民，都因高超的养猪技能而广受赞誉，但是，他们更以变形术名闻遐迩。渐渐地，两人都将对方视为竞争对手，这也许是不可避免的。

最终，他们闹翻了，展开了一场又一场殊死搏斗，都想置对方于死地。他们先是化身为老鹰，用尖利的喙和爪子打斗了整整两年；接着两次化身为海怪，试图吞食对方；再后来，又化身为雄鹿，用鹿角撞击对方。接下来，他们相继化身为战士、恶鬼，以及两条疯狂地缠斗在一起的巨龙。最后，他们变成了两条蛆虫，一条掉进了位于古阿尔斯特最南端的库林地区（今爱尔兰共和国劳斯郡）的克鲁因河，另一条则掉进了康纳赫特王国的加勒特河。一条被一头奶牛——这头奶牛的主人是阿尔斯特首领戴尔·费齐纳——在喝水时不知不觉吞进了肚子里；另一条则被国王艾利尔的奶牛吃掉了。结果，这两头奶牛都怀孕了：两只蛆虫慢慢长大，并变成了两头牛犊。就这样，两个猪倌重生了。牛犊长成了两头体形大得惊人的公牛。这两头强壮的公牛分别生活在爱尔兰北部的两个敌对王国：一头在阿尔斯特，另一头在康纳赫特。阿尔斯特的公牛被称为唐·库

他们化身为两只老鹰，用喙和爪殊死搏斗了整整两年。

下图 在卡罗莫尔的巨石墓园外，诺克纳瑞亚高高耸立在斯莱戈市的地平线上，从这里可以看到梅芙女王的石碑。

林（在盖尔语中意为"棕色的"）；康纳赫特的奶牛则被称为费恩宾纳赫（意为"白色的"，它身上最引人注目的特征：雪白的头和蹄子，尽管它通体呈耀眼的深红色）。

一场发生在枕边的争论

一天晚上，艾利尔国王和王后梅芙正躺在床上开心地聊天。这时，国王不禁感叹起王后的好运，洋洋自得地低语说她多么幸运啊，竟然有幸嫁给了如此有钱有势的统治者！命运多么眷顾她啊，让她依附于如此显赫的君王！听到国王的这番言论，骄傲的梅芙忍不住打断了他，并反驳尽管她很爱她的丈夫，但她很清楚，当初她以公主身份嫁给康纳赫特国王伊奥查德·达拉时，艾利尔还只不过是个地位低下的护卫而已！她后来之所以选择艾利尔做自己的丈夫，是因为她更欣赏他的男子汉气概和勇气，而非伊奥查德·达拉的王室成员身份，但是，艾利尔绝不能以这种方式欺压于她！（事实上，在嫁给康纳赫特国王之前，梅芙曾与孔赫沃尔有过一段短暂的婚姻。也正是因为这段不愉快的婚姻，梅芙对阿尔斯特满怀敌意，且终身难以释怀。）

他们吵了一整夜。第二天，他们非但没有停止争吵，反而吵得更厉害。天亮后，他们在公众面前把各自的财产一字排开，比一比谁更富有。夫妻俩命令手下将一群牛、马、猪、羊赶进王宫，将成堆的珠宝和金子堆放在王宫外面，然后将各自拥有的所有财产都清点了一遍，并将这些财产的价值计算出来。结果，这对夫妇发现：他们拥有的财富不相上下。

借公牛

当然，一样东西除外：艾利尔有一头体形庞大而强壮的白头公牛，名叫费恩宾纳赫。梅芙虽然也很富有，却没有任何能与这头公牛相媲美的东西。争强好胜如梅芙，怎会甘心被别人比下去呢？哪怕这个人是她的丈夫，也不行！可是，她上哪儿去找一头能和丈夫的那头白头公牛同样强壮的公牛呢？于是，她召见了皇家管家麦克·罗斯。管家告诉她：在阿尔斯特有一头棕色的公牛，这头公牛一点也不逊色于费恩宾纳赫，甚至更胜一筹。戴尔·费齐纳有幸成了它的主人。听到这个消息，梅芙立刻下定决心，一定要得到这头公牛，以此胜过她的丈夫。于是，她命令麦克·罗斯立刻派遣信使前往阿尔斯特借牛：如果戴尔·费齐纳愿意把唐·库林借给她一年，她将给对方五十头小母牛和艾尔平原的一大块土地作为回报，也许，再加上一辆华丽的战车。而且，她将用"以身相许"的方式来报答他。麦克·罗斯率领信使来到阿尔斯特，并向戴尔·费齐纳说明了来意。听到梅芙女王的提议，戴尔·费齐纳欣喜不已，毕竟，只需把唐·库林借给女王一年而已。于是，他毫不犹豫地接受了女王开出的所有条件，并于当晚设宴款待这些信使。宴会上气氛十分融洽，所有人看起来都很开心。然而，几杯酒下肚后，麦克·罗斯的信使们就开始口出狂言，声称如果戴尔·费齐纳若不同意借公牛，他们就会带着军队杀回来，用武力夺取公牛。这些话虽然没有惹恼戴尔·费齐纳本人，但却在他的随从中引起了非常不好的反响：在他们看来，这就意味着，如果没有康纳赫特国王的许可，他们的主人就连原本属于自己的东西都留不住了。随从们十分生气，就去找戴

右图 美国插画家约夫·克里斯蒂安·莱恩德克尔在其创作于 1911 年的这幅画作中塑造了梅芙女王的代表性形象：欲拒还迎。

听到梅芙女王的提议，戴尔·费齐纳欣喜不已。

尔·费齐纳讨要说法。事情到了这个地步，戴尔·费齐纳觉得有必要给梅芙女王一点儿颜色看看，便给对方回话说，他不会将自己的公牛借给她。

集结军队

梅芙女王在康纳赫特王国首都克鲁亨山得知这一消息时，不禁怒火中烧：戴尔·费齐纳以为他自己是谁啊？！艾利尔也勃然大怒：

阿尔斯特的一个小领主竟然敢如此不把他的妻子放在眼里！他在愤怒中全然忘记了自己和梅芙之间的争吵。就这样，夫妻俩达成一致意见，决定不惜一切代价也要把唐·库林抢回他们的王国。他们派遣使者前往王国的每一个角落征召所有能参加战斗的康纳赫特男人，以及仍然生活在康纳赫特土地上的阿尔斯特流亡战士。

此时，"尤西柳的儿子们"的首领是科马克·康隆加斯。他其实是孔赫沃尔众多王子中的一个，而他的母亲，则是孔赫沃尔的生母尼斯。科马克·康隆加斯和孔赫沃尔的关系一直很疏远，因为他是由弗格斯·麦克·罗茨抚养长大的，而且多年以前就跟随养父离开了阿尔斯特王国。加上他们的支持者，这支阿尔斯特流亡军约有三千人。

不祥之兆

"这支军队是以我的名义集结起来的。"梅芙对站在队伍最前面

梅芙的大都会？

就在朗福德－韦斯特波特五号公路附近，在罗斯康芒郡塔尔斯克以北不远处的一片田野中，可以看到一个巨大的平顶土堆。走近一点看就可以发现，这只是周围众多土方工程中的一个。这个我们现在称之为"罗斯康芒"的地方似乎曾经是重要的宗教仪式中心。其历史可以追溯到七世纪时的史诗《劫持库林之牛》中所记载的事件发生之前的好几千年。许多学者认为，梅芙女王最初是大地女神。没有任何真凭实据可以证明这里曾是王庭所在之地，甚至没有任何真凭实据可以证明这里曾是重要的居住中心，但根据爱尔兰的传统说法，这里就是古老的康纳赫特王国首都克鲁亨山。然而，那些讲述这个古老故事的人完全无须考虑考古学方面的问题，只是详细描述了一座松树宫殿：这座宫殿有十六扇窗户，每扇窗户都镶有黄铜窗框；宫殿中央的皇家住所用青铜墙和银墙围了起来；整栋建筑都覆盖着用优质木瓦做的屋顶。

不过，现代考古学家已经找到了一些确凿证据，证明这个古老的建筑群曾被用作墓地，换句话说，这是一座亡灵居住的城市。事实上，当地的民间传统也认可了这一点。长期以来，人们一直相信，在每年夏天的萨温节，拉斯克罗根的古墓（或仙堆）会自动打开，各种妖魔鬼怪将离开他们位于异世界的家园，如潮水般涌向活人的世界，而领头的，正是迷恋血腥、暴力和掠夺的摩莉甘，她坐在由独腿马拉着的战车上。

右图 印有梅芙女王头像的爱尔兰钱币，背景为凯尔特风格的文字。

等待出发信号的车夫说道，"因为我的命令，许多恩爱夫妻将被活活拆散；众多热恋中的情侣将分隔两地，他们也许再也见不到自己的心上人。此时此刻，一定会有很多人在咒骂我。"当车夫调转战车迎接灿烂的阳光并保证他将带着人马安全返回康纳赫特时，他和他的女主人同时看到了一位美丽的年轻女子，她也站在一辆战车里，一头淡黄色的头发优雅地垂在肩上，身上披着带有斑纹图案、饰有闪闪发光的金色别针的斗篷，脚上穿着有金质扣子的鞋子。梅芙被年轻女子的美貌和丰姿所吸引，便命她自报家门。"我叫菲迪露玛。"女子回答道，"是诗人，也是女先知。我来自康纳赫特王国，但一直在阿尔巴王国学艺。"女王追问菲迪露玛是不是真的具有"预言能力"，是不是真的能够"预测未来"？对方回答道："是的。"接下来，忧心忡忡的女王让菲迪露玛预言这支以自己的名义集结起来的军队的命运。菲迪露玛回答道："一片血红，我看到了一支沐浴在一片血红中的军队，一支似乎将被阿尔斯特英雄库丘林杀个片甲不留的军队。"然而，梅芙女王对这个令人不寒而栗的预言不以为然，认为纯属胡说八道，根据女王的推断，菲迪露玛一定是弄错了。因为女王知道，即便是到了这个时候，孔赫沃尔的军队依然因为玛查的

"这支军队是以我的名义集结起来的。"梅芙说。

诅咒而正在经受女人分娩时所遭受的那种剧烈阵痛的折磨，只能躺在地上扭来扭去。

但是，菲迪露玛毫不动摇地坚信自己的预言：梅芙女王连问了三遍这次出兵将会是什么样的结果，她三次都斩钉截铁地回答说："一片血红！"当第四遍被问及时，她仍然做了同样的回答，随后突然唱起了一首预言之歌。她在歌里描述了她所看到的景象：梅芙女王的军队将会被一名高大的金发英雄搅得风声鹤唳，他将单枪匹马地偷袭这支强大的军队，每次现身都会带走上百名康纳赫特战士的性命。菲迪露玛唱道，这名英雄看起来像极了阿尔斯特著名的勇士库丘林，而一旦遭遇他，强大的康纳赫特大军将被其彻底消灭。她继续唱道，英雄的伙伴们可能会带着"分娩"的阵痛返回阿尔斯特，但库丘林本人肯定可以免受女神的诅咒，而他独自一人就能够完成一整支军队的任务——"看啊！他身着胸甲和红色披风，巍然屹立

左图 在某些版本中，一名德鲁伊曾试图警告梅芙：她为了抢夺一头牛而集结军队攻打阿尔斯特的做法是不明智的。

第二章
阿尔斯特战争

099

下图 很多年之后，诺曼人在传说中梅芙女王曾率军经过的格兰纳德筑起了这个土堆，以在此地修建一座城堡。

于战场中央。他笔直而镇静地站在战车上，双手各持四把剑，身前是令人恐怖的盖尔布尔加；他一边驾车疾驰向前一边大杀四方，被鲜血染红的披风随风飘扬。"最后，菲迪露玛唱道："他将摧毁整支军队。凡是他到过的地方，都将是一片血光，以及女人的泪水。我是菲迪露玛，我从不将任何事实隐藏。"

行军路线

现存的《劫掠库林之牛》手稿详细记载了康纳赫特大军由西向东进军阿尔斯特的行军路线：从罗斯康芒郡克鲁亨山出发，横跨整个爱尔兰，最终抵达了劳斯郡库林。他们先是朝着东南方向进发：经过罗斯康芒郡的湖畔小镇阿达基尔朝着位于今天的郎特福德郡境内的格拉纳德——即当时的北特提巴王国首都——前进，随后一路向东，穿过爱尔兰中部，挺进位于今天米尔斯郡境内的凯尔斯镇。在这里，他们被一片茂密的树林挡住了去路，所以必须先把这片树林砍倒才能继续前进。也正因为如此，这片靠近基尔斯基尔村的乡间林地长期以来一直被称为"Slechta"（意为"开辟道路"）。然

100　　凯尔特神话图鉴

后，他们继续迅速推进。然而，在今天劳斯郡境内科龙镇附近的凯里斯敦堡垒，库丘林在他们前进的道路上设置了一棵长有树杈的大树，使得他们无法继续朝着东南方向挺进，便只好折向了东北方向。随后，他们一路向北，穿过了现在的德罗赫达及其他地方，包括现在邓多克市郊区的格伦盖特和现在纽里城西南郊外的斯莱布·库林（即现在的斯莱夫·古利安）等地。（据说，唐·库林曾暂时被关在格伦盖特，后来逃到了斯莱布·库林。）

上图 在阿玛郡纽里城郊外的乡村，至今依然可以看见高高耸立于此的斯莱夫·古利安山。根据传说，棕色公牛唐·库林就是穿过这里的山坡逃走的。

行军途中

尽管女先知菲迪露玛曾预言此次远征将无比艰难，但梅芙女王并没有因此改变主意，仍然决定亲自率领军队向阿尔斯特进军。由于队伍过于庞大，他们光集结就花了不少时间。

除了康纳赫特军队和阿尔斯特流亡军之外，梅芙女王还联合了其他两个王国，一是爱尔兰西南边陲的芒斯特王国，一是爱尔兰东

第二章
阿尔斯特战争

上图 青铜器可以做得十分精美，所以在铁器时代仍然颇具仪式价值。图中这些剑都发现于爱尔兰。

部的莱因斯特王国（派出了一支由三千名盖尔人勇士组成的军队），共同组成了三国联军。虽然菲迪露玛已经就进军阿尔斯特之事对女王发出过预警，但身后有着如此庞大军队的支持，女王怎能不信心满满呢？！这种乐观情绪在军队中普遍存在，且一直持续到了第二天中午——战士们正在午休，却被弗格斯·麦克·罗茨的朋友杜布塔赫·德埃尔塔赫的惊叫声粗暴地吵醒了。他似乎也看到了一幅非常可怕的场景：一名勇士站在克鲁因河深水中挡住了他们前往阿尔斯特的去路。于是，梅芙和艾利尔让弗格斯带路。结果，弗格斯带领康纳赫特大军往南方绕了一大圈，这令国王夫妇不得不怀疑：弗格斯是不是试图替他阿尔斯特的老朋友们拖延时间，以便让他们有充足的时间组织军队呢？在即将到达现在的米斯郡凯尔斯镇以西几英里的伊莱德·库伦（即现在的克罗萨基尔）时，他们向弗格斯道出了心中的疑虑，但弗格斯坚决否认其有任何的阴谋意图。相反，弗格斯坚持说，自己是在试图找到一条能够绕过库丘林的进军路线，因为他知道库丘林会在他们行车途中的某个地方等待他们，阻止他们这支庞大军队继续前进。

立在河中央的树杈障碍

一场大雪使大军放慢了脚步，但他们没有停滞不前，而是趁着库丘林因喝得酩酊大醉而睡过了头的时候偷偷向前行进。宿醉醒来的库丘林只看到了敌人留在地上的足迹。然而，这些足迹足以让他准确地估算出敌军的数量：从这条路上经过的共有十八支军队，每支军队有三千人。库丘林抄近路很快又绕到了康纳赫特人之前。

记录有误？

库丘林在向康纳赫特战士发起挑战时所采用的方式，是把自己的警告刻写在树上，这是现存的《劫掠库林之牛》手稿中的一个非常不符合当时时代精神的特征。在其原始版本中，这些故事是绝对不会用文字记录下来的。众所周知，早期的凯尔特人从未有过属于自己的书面文字，也从未使用过那个时代的其他书面文字，尽管当时他们通过旅行、贸易、定居，足迹已遍及欧洲各地。人们认为，这是因为他们所信奉的宗教反对进行任何形式的文字记录。但是，这并不意味着早期的凯尔特人没有属于他们自己的文学，他们显然有自己特别喜爱的故事和诗歌。严格地说，文学必须用文字写下来。不过，许多古代史诗似乎都是通过口述传统代代相传，最后以书面文字记录下来的：荷马的《伊利亚特》和《奥德赛》就是其中最具代表性的例子。因此，可以肯定的是，库丘林之所以具有这样的读写能力，完全是基督教对原始故事进行加工的结果。有趣的是，即便如此，在这些文本中，库丘林所使用的，是奥格姆文，而非后来的爱尔兰基督徒抄写员们所使用的更为复杂的拉丁文。奥格姆文是一种较为粗糙简单的刻符文字，共有二十个字母，可以记录语言，大都见于刻写在诸如巨石之类的东西上的铭文（见下图）。每个奥格姆字母都由一至五条竖线和斜线组成，写在分隔线的上下和中间。对于刻写者来说，这些刻符只不过是一些符号而已。然而，这些竖线和斜线的交叉方式是有规律的。而在那些能够读懂奥格姆文的人看来，这些交叉形成的夹角代表着各自不同的含义。《劫掠库林之牛》虽然是用罗马文字写成的，但书中多次提到了奥格姆文字，这也许是在暗示我们：这首史诗所描述的故事发生在一个更为早期的，人们的文化水平不高，但更崇尚男子汉气概和英雄气概的时代。

四名康纳赫特先遣兵出现在了库丘林面前，并向他发起了挑战。但是，库丘林不费吹灰之力就杀死了他们，并割下了他们的头颅。接着他一剑砍倒了一棵分杈的树，然后把这四名康纳赫特战士的头颅挂在树枝上。他站在马托克河浅滩上，像掷标枪一样把这根树杈扔了出去，树杈颤颤悠悠地插在了河中央。这样一来，再也没有哪一辆战车能够通过这里。不仅如此，库丘林还在树干上刻了一句警告：这个障碍物是他在没有任何人帮忙的情况下独自设置的，所以也只有他才能清除。

当艾利尔、梅芙和他们的军队头领们讨论是谁把这棵刻有警告语的树杈竖在河中央时，弗格斯向他们保证说，这肯定不是别人，只能是库丘林。听了弗格斯的话，梅芙显得很是平静——据说，这位伟大的英雄还只是个十七岁的毛头小子。但弗格斯接下来给他们讲述了这头"阿尔斯特猎犬"少年时代的英雄事迹并警告他们说：没有哪个勇士比库丘林更可怕，没有哪头狮子比他更野蛮，没有哪把锤子比他更凶猛，没有那个士兵有他那么高超的武技。然而，康纳赫特女王并不以为然，并说道："他只是一个凡人，只有一具躯体。我们可以用成千上万人对付他一个人，他不可能以一人之力打败我们所有人。"于是，最优秀的康纳赫特战士一个接一个地走上前去，试图将那根树杈从河底拔出来，但全都失败了。弗格斯摇了摇头，他只得亲自动手拔掉这个障碍。他尝试了很多次，在湍急的水流中来来回回地冲击那根树杈，至少损坏了十四辆战车。

新的障碍

那根竖立在河中央的树杈终于被拔掉了，艾利尔这才发出了继续前进的信号，康纳赫特大军又开始向前挺进。但是，他们还没走出多远，在一个叫"养猪平原"的地方，又被一棵树挡住了去路。这是一棵坚实的橡树，横亘在他们前进的小径上，树上刻有奥格姆铭文，声称除非他们中有一个人能够驾驶战车一跃而过，否则就过不去。最优秀的康纳赫特战士纷纷试图驾着战车越过这道障碍，但全都失败了。他们的战马撞死了，车夫也因为撞击而受了重伤。除了之前弗格斯在清除河中央的树杈障碍报废的十四辆战车，他们这次又损失了三十辆战车。这段路后来被称为"Belach nAne"（意为"他们驾驶战车的地方"）。最后，绝望的康纳赫特人派弗拉赫前去挑战库丘林，要求和他进行一场更加传统的决斗。弗拉赫发现库丘林正在后来被称为"Ath Froich"（"弗拉赫的浅滩"）的地方洗澡，便冲上前去和对方在河里搏斗了起来。当然，弗拉赫的结局很惨。他曾夸下海口，说自己能轻而易举地打败这个年轻人，结果，

左图　对库丘林来说，打败并杀死弗拉赫既是一场胜利，更是一场悲剧。

下图 劳斯郡的斯莱夫·福伊。据说，在这里的一场战斗中，库丘林打败了一个又一个康纳赫特英雄。

却很快就被对方制服了。库丘林将弗拉赫的头按在溪水里，但实际上一直在恳求对手向自己求饶。可是，弗拉赫拒绝这么做。最后，库丘林只得向这位对手致以最为崇高的敬意。他别无选择，一直把弗拉赫的头死死地摁在水里，直到把他淹死。据说，当弗拉赫被抬上岸时，一群身穿绿色衣服的女人从附近的土堆里冒了出来，把他的尸体抬回了地下世界：弗拉赫在仙丘找到了新家。不过，无论如何，弗拉赫的战死似乎为康纳赫特人完成了挑战库丘林的使命：此时，弗格斯居然驾着疾驰的战车一跃而起，轻轻松松地越过了那棵大树！

残酷的喜剧

接下来的日子里，更多顶尖的康纳赫特战士一个接一个地被派去对付库丘林，却全都完败于对方，无一人生还。有一天，库丘林看见梅芙女王的猎犬拜斯纳正在远处的田野里撒欢，便用手里的投石带投出了一块石头，劈掉了这头猎犬的脑袋。得知"阿尔斯特猎

左图 库丘林之死。奥弗·谢珀德于1911年创作的这座著名的雕塑作品已经被视为现代民族主义"凯尔特复兴"的象征。

犬"杀死了自己的爱犬时,已经因手下接二连三惨遭不幸而感到万分恼火的梅芙女王不禁怒火中烧。

更多的康纳赫特战士被派了出去。但是当库丘林发现一名正在修理断裂的车轴的车夫并误以为他也来自阿尔斯特时,这场悲剧演变成了一场闹剧。事实上,这位车夫是奥兰的奴隶。而奥兰是康纳赫特王国的王子,也是艾利尔和梅芙最宠爱的儿子。车夫也并不知道自己在跟谁说话,他还请库丘林帮自己砍一些用来修理车轴的木材,库丘林也兴高采烈地干了起来。两人一边干活一边愉快地聊着

实际上,库丘林一直在恳求弗拉赫向自己求饶。

天。库丘林十分惊讶：这辆阿尔斯特战车竟然停在了如此靠近战场的地方，直接地暴露在对手的眼皮底下。他问车夫："这辆战车是怎么被损坏的？"车夫回答说："是为了抓住库丘林而被撞坏的。"直到此时，两人才意识到他们所犯的错误。库丘林叫车夫不要为自己的生命安全担心他从来不会和车夫发生任何争执。但是，发现这位车夫是奥兰的奴隶后，库丘林便让他带自己去见他的主人。刚一见面，库丘林就一刀把奥兰王子杀了，并把王子的头颅砍了下来，放在车夫的背上，命令他把王子的头颅背回康纳赫特人的营地，且全程不得改变姿势，然后将其交给奥兰的父母。库丘林告诉车夫，自己会一直盯着他，以确保他绝对服从自己的命令；要是他胆敢不从，就用投石带投出石头杀死他。

右图 在斯蒂芬·里德的描述中，这只不详的渡鸦飞了过来，并警告库丘林——一位典型的无所畏惧的英雄——他即将死亡。

当车夫到达营地时，艾利尔国王和梅芙女王正在围栏外散步。于是，车夫停下了脚步，把事情的来龙去脉告诉了他们，并把王子的头颅从背上取下来给他们看。"库丘林说，如果我不保持同一个姿势把王子的头颅背回我们的营地，他就会杀了我。"车夫边说边把王子的头颅递给国王夫妇。就在这时，库丘林用投石带投出一块石头，将车夫的头砸开了花。库丘林似乎希望车夫不折不扣地执行他的命令：既然他命令车夫必须"把王子的头颅背回营地"，那么"把王子的头颅背到营地外面"也不行。

附带伤害

库丘林在心里暗暗发誓只要一看到艾利尔或者梅芙，他就会用投石带投出石头取他们的性命。在接下来的日子里，库丘林对国王夫妇进行无数次攻击。然而，这样的行为是鲁莽的，因为时机稍纵即逝，且库丘林和对方的距离并不利于他的攻击。梅芙最心爱的两只宠物为此付出代价：先是那只总是站在女王肩上的小松鼠，它的头被石头打掉了；接着是那只总是围绕在女王身边、紧紧攀附在她那漂亮脖子上的鸟儿，它被另一块石头砸死了。（神话将梅芙的女性气质描写得更具诱惑力、更阴险恶毒、更具破坏性，但她的动物伙伴被赋予了一种奇怪的母性和生育特质。然而，它们也让我们想起了梅芙女王的身份：她可能原本就是大地女神。）接踵而至的，便是不可避免的人员伤亡：艾利尔的儿子们和他最亲近的几位朝臣也被库丘林和国王本人投出的石块杀死了。接下来的日子里，有更多的人丧生。

摩莉甘来访

这时，故事中出现另一只鸟儿。这只鸟儿没有梅芙之前一直当作宠物带在身边的那只鸟那么漂亮迷人。有一天，棕色大公牛唐·库林正在特梅尔的田野里吃草——它经常到这里来吃草。当这头公牛抬头时，它看到一只黑色的大渡鸦飘然而下，落在了一块立石上。当然，这其实就是化身为渡鸦的摩莉甘。她警告唐·库林，

下图 图中所示为邓多克附近的一座诺曼式城堡丘陵或土丘上的"库丘林城堡"。这座城堡实际上建造于多年之后的1780年。

它即将引发一场惨绝人寰的大屠杀。她问道:"公牛啊,你难道不感到惴惴不安吗?"

你是否知道,他们正在集结,只是为了一场屠杀?

看啊,多么美丽的阿尔斯特田野:青青的草甸像微风吹过的大海一样起伏着,一片翠绿中点缀着五彩缤纷的美丽花朵。然而,在这美丽的绿色田野上,到处都是成群结队的敌人;在这广袤的原野上,到处都是肆意厮杀的军队——他们只想将对方碾压成尘土。你可否听到,聪明的渡鸦在大声呻吟。

正如我们知道的那样,摩莉甘具有三面性:她通常被认为与另外两个姐妹共同组成了三位一体女神。她说,战争女神巴德,不久之后将从一片血泊中吸取脂肪。她幸灾乐祸地说,这就是第一场杀戮之后将会发生的复仇循环——"永不平息的愤怒;亲属和后代无穷无尽的死亡。"

听了摩莉甘的这番警告，这头巨兽吓了一跳，便打算任由放牧人把自己赶到阿玛郡纽里郊外的一座非常雄伟的大山——斯莱布·库林山——的山坡上。当公牛离开的时候，一群兴奋不已的小孩子们想要骑一骑这头大公牛，便纷纷跳到了牛背上。但是，唐·库林没有心情跟孩子们嬉闹，不耐烦地把他们从背上摔下去。就这样，不下一百个小男孩儿丢了性命。当这头公牛冲过库林山时，它的四蹄踏出了一条横穿整个乡村的壕沟。

与此同时，康纳赫特大军的推进速度更慢了。梅芙和艾利尔躲在他们手下的战士之中，以免被库丘林发现。无法得手的库丘林越来越焦躁不安。当梅芙的侍女罗丘走到小溪边取水时，库丘林误以为她就是梅芙女王，就用投石带投出石头砸死了她。

陷入绝境的唐·库林

此时，康纳赫特人在阿尔斯特四处打劫，而且每次都是满载而归：不但赶回来了一群群的牲口，还带回来了一串串用绳子拴在一

弗格斯·麦克·罗茨与西格蒙德·弗洛伊德

在这个故事的某些版本中，就在这个时候，艾利尔和他手下的领主们意识到，康纳赫特军营里到处都没有弗格斯·麦克·罗茨和梅芙女王的身影。这两个人会在哪里呢？为什么同时不见了呢？这似乎有些可疑。于是，艾利尔派他的车夫小心翼翼地四处查看。果不其然，车夫发现弗格斯和梅芙女王正躲在营地后面幽会。事实上，他们正半裸着身子紧紧地搂抱在一起。弗格斯的腰带已经解开，剑鞘也丢在了旁边的草地上。二人完全沉浸在火热的激情中，谁也没有注意到艾利尔的车夫踮着脚尖走到他们身旁，并偷偷地把弗格斯的剑从剑鞘里拔了出来。车夫十分紧张地将这把剑带回去交给了自己的主人，却惊讶地发现：艾利尔既不慌乱，也不愤怒，反倒是一副满怀希冀的样子。国王告诉这位仆人：梅芙女王之所以这么做，只是在尽力挽留一个举足轻重的盟友。直到激情消退，梅芙女王和弗格斯爬起来环顾四周，惊慌失措的弗格斯才意识到自己的佩剑不见了。他只好到附近的树林里砍了一根树枝，给自己做削了一把木头剑。然而，此举糊弄不了任何人，他回到营地时被大家狠狠地嘲笑了一番。

在《劫掠库林之牛》中，梅芙被刻画成了一个使男人丧失元气的女妖：她玩世不恭，惯于勾引男人；她有着倾国倾城的容颜，但不近人情；她为人冷酷，精于算计，极度无情无义。即使我们不是精神分析学家，也能

在这部史诗中清楚地看到：不幸的弗格斯如何因为梅芙女王而丧失了他标志性的男子汉气概，尽管他似乎在其他方面取得了别人难以取得的成功。当然，如果付出足够的努力，我们在任何叙述中都可以找到暗含的弗洛伊德思想。但是，毫无疑问的是：在凯尔特神话中，引起这种共鸣的叙述太过明显，这一点是颇为令人不安的。爱尔兰人经常毫不掩饰地把弗格斯视为他们最伟大的英雄，事实上，他就是爱尔兰男子汉的写照——在爱尔兰语中，"弗格斯"的字面意思就是"男子汉"。根据爱尔兰传说，他拥有七百个男人的力量，他的战剑划出的弧线和彩虹一样长。然而，特别有意思的是，在关于阿尔斯特战争的叙述中，弗格斯的形象历经了多次演变，而且屡屡被塑造成了不那么光彩的角色，除了和梅芙偷情之外，还有当初被孔赫沃尔赶下王位（更准确地说，被孔赫沃尔狡猾的母亲以一种更加令其丧失男子汉气概的方式赶下王位），以及后来在孔赫沃尔的操纵之下背叛尼舍，等等。

上图 弗格斯掉进了鲁里湖，并在那里遇到了一个可怕的河怪。这个河怪施展魔法，使他的面部变得歪斜扭曲。

起的奴隶。然而，他们的女王却对这样的战利品无动于衷：她之所以率领大军长途跋涉来到阿尔斯特，只是为了一个目的，那就是夺取唐·库林，如今却没有找到那头大公牛的任何踪迹。然而，在这些俘虏中，有一个名叫洛塔尔的人。他曾是放牧唐·库林的牛倌之一，所以十分了解这头大公牛。

当梅芙问洛塔尔大公牛可能在哪里时，已经被吓破胆的牛倌回答说："他已经不在这里了。"他告诉女王，唐·库林已经逃往山里去了，正藏在格伦盖特，在一个名 Dubchoire（意为"黑色的大锅"）的深谷里。于是，梅芙女王派洛塔尔和她的几个手下带着柳条筐一同前去诱捕大公牛，并将其带回她身边。但是，唐·库林一看到洛塔尔就向对方冲了过去，用角顶开了牛倌的腹部：这个可怜虫的五脏六腑瞬间流了一地。

河水上涨

此时，康纳赫特大军离唐·库林越来越近，他们和这头大公牛之间就只隔着最后一道屏障了，但是，这是一道难以逾越的障碍：他们必须想办法涉水渡过克朗河。然而，他们无计可施，因为每当他们靠近克朗河时，湍急的洪流就会突然向他们涌来，水深涨了一倍、流速也快了一倍，这也许是由于挥舞着长矛的库丘林出现在河中央的缘故。此时，梅因站了出来。作为梅芙和艾利尔的长子，这位王子深知自己所担负的特殊责任，便率先前去迎战库丘林，但很快就赔上了自己的性命。一同送命的，还有冲到王子身后试图保护他的三十名骑兵和三十二名步兵。

他们不但赶回来了一群群的牲口，还带回来了一串串用绳子拴在一起的奴隶。

从用投石带杀人到与敌人单独决斗

然后，库丘林心满意足地离开了河岸，悠然自得地坐在附近的山顶上，时不时用投石带朝山下的敌人投掷石头。即便如此，他也陆陆续续干掉了不少康纳赫特战士：先是十几人，然后是数十人，接着又是数百人。就这样，康纳赫特军队的力量因战士不断折损而日渐削弱。面对这样的局势，艾利尔觉得到了设法和库丘林达成协议的时候了，便派素来与库丘林交好的弗格斯前去谈判：只要库丘林不再乱扔石头，他就能得到康纳赫特大军俘虏的最高贵的阿尔斯特女人和最好的牲畜，但在白天的常规战斗中，他想杀多少人就杀多少人。库丘林拒绝接受这样的条件，但同意如果对方每天派一个人来和他决斗，就不再用投石带杀敌。如果每天派一个人前去和库丘林决斗，康纳赫特人每天只会损失一名战士，而如果继续让库丘林使用投石带，每天要损失几十名战士。艾利尔认为他们已经别无选择，便接受了库丘林提出的条件，尽管他也完全同意弗格斯的怀疑：库丘林之所以这么做，只是想拖延时间，好让阿尔斯特人熬过幻想出来的分娩阵痛。但无论如何，每天损失一个人总比每天损失几十个人划算。

年轻的埃塔科莫尔迫不及待地想第一个击败这位阿尔斯特英雄，从而成为最伟大的康纳赫特勇士。库丘林告诉弗格斯，他会因为他

右图 新教徒声称，库丘林只是为了阿尔斯特而战，而非为了整个爱尔兰而战。

们之间的友谊而饶了这个年轻人的性命。但埃塔科莫尔坚持要和库丘林决斗。当埃塔科莫尔驾着战车向库丘林冲过来时，库呼兰还是试图警告对方他正在干一件多么危险的事情。埃塔科莫尔驾车从库丘林身边掠过时，库丘林不费吹灰之力就一剑划破了他的外衣。接着，埃塔科莫尔又一次驾车冲了过来。而这一次库丘林给对方发出了更加明确的警告，他在埃塔科莫尔的头顶上方挥舞着剑，干净利落地将其头顶的头发剃了个精光。然而，此举只是激怒了年轻气盛的埃塔科莫尔：他再次驾着战车冲了过来，企图杀了库丘林。但这次库丘林没有再对年轻人手下留情：一剑将其劈成了两半。

战斗还是逃跑？

纳德克兰泰尔可能是康纳赫特最著名的勇士，他知道仅凭武力征服库丘林并不现实，因此他决定使用狡猾的手段。他用削尖的冬青树枝为自己制作了九支长矛。当走到库丘林等候康纳赫特人前来应战的浅滩上时，纳德克兰泰尔发现，这个阿尔斯特人正在优哉游哉地跳起来抓天上的飞鸟。纳德克兰泰尔的长矛一支接一支地越过水面朝着这位英雄飞去。面对这样的攻击,库丘林一点儿也不惊慌,只是伸手一支接一支地抓住呼啸而过的长矛。但是,当第九支长矛飞到他面前时,库丘林的注意力已经完全分散——他一心想要抓住的那群鸟越过河对岸逃走了。当那群鸟飞走的时候,库丘林一直跟在它们后面追,看起来就像个正在逃跑的懦夫。

> 库丘林看起来就像个正在逃跑的懦夫。

这样的结果令梅芙和康纳赫特人欢欣鼓舞,他们嘲笑这位最伟大的阿尔斯特勇士竟然如此轻而易举地被击败了。当然,库丘林对此感到十分不快:他从来没有想过要逃跑,只是决定,一旦纳德克兰泰尔把九支长矛全都扔光,他就继续抓鸟。因此,他要求和纳德克兰泰尔重新比试比试。纳德克兰泰尔深信此时和库丘林这样一个懦夫决斗有失身份,但又没有理由拒绝他的要求。于是,两人在第二天又进行了一场决斗,并在决斗前约定:他们将互相朝着对方投掷长矛,且只能用原地跳跃的方式躲闪。纳德克兰泰尔对准库丘林投出了长矛,长矛在清晨的空气中快速而准确地疾驰而来,但库丘林敏捷地跳起来躲过了长矛,长矛重重地撞在了一块立石上。当库丘林的长矛嘶叫着破空而来时,纳德克兰泰尔也想如法炮制。可他没有想到的是,库丘林在瞄准时故意抬高了位置。结果,这支长矛直接刺穿了纳德克兰泰尔的脑袋。

纳德克兰泰尔是一名坚韧且经验丰富的士兵。虽然长矛刺穿了他的头颅,但他并没有当即死亡。他知道,如果把长矛从他的脑袋里抽出来,他将必死无疑。双方商议后暂停了一会儿,然后又继续战斗。纳德克兰泰尔跟跟跄跄地走上前,用尽全身力气把自己的剑对准库丘林的身体投了出去,但是,这只"阿尔斯特猎犬"再次及时跳起来躲过了对方的攻击。结果,纳德克兰泰尔投出的剑从库丘林的脚下呼啸而过。纳德克兰泰尔的所作所为彻底激怒了库丘林。忍无可忍的阿尔斯特英雄再次纵身一跳——这次,他跳到了纳德克兰泰尔的盾牌上,挥剑砍掉了对方的首级。然而,库丘林的嗜血欲望并未得到满足,他再次将剑一挥,把这个可怜虫的身体劈成了两半。

> 他再次将剑一挥,把这个可怜虫的身体劈成了两半。

与此同时，梅芙带着一小支先头部队深入阿尔斯特，终于找到了她已经苦苦寻找了很长时间的大公牛唐·库林。虽然忠心耿耿的放牧人弗盖曼竭尽全力保护大公牛，但大公牛最终还是被梅芙踩在了脚下，弗盖曼也被按在了地上。梅芙终于达到了她远征阿尔斯特的目的。但是，要结束一场事关如此重大荣誉的战争绝非易事，更何况，还有许多新老问题需要解决。在一种崇尚骄傲和个人复仇的

地狱烈焰也抵不上……

就在库丘林战胜纳德克兰泰尔后，一位年轻美丽的贵妇出现在了他面前。她不但衣着华丽，还给库丘林带来了许多牲口和其他礼物。贵妇告诉库丘林：自己听说过很多关于他的伟大事迹，他容貌英俊，力量强大，战技高超，而这一切使她爱上了他。然而，库丘林只想迅速把她打发走，便极不耐烦对她说道：他这段时间很忙，他不是来这里和女人幽会的，也没有心思考虑情爱问题；她应该马上走开，因为他有更重要的事情要考虑。库丘林压根不知道的是，自己实际上是在和经过伪装后显得不那么具有威胁性的摩莉甘说话。然而，无论此时的摩莉甘看上去是多么美丽动人，她依然一如既往地危险可怕，因为她嗜血好战的本性是不可能改变的。摩莉甘反驳道："我一直都在支持你。你以为是谁一直站在你这边？你以为是谁一直在支持你？好吧，如果你拒绝接受我的爱，我将永远恨你！"她对自己发誓：从现在起，她将不择手段地采取一切方法挫败这个骄傲自大的男人——当库丘林涉水过河时，她将在浅滩处攻击他：她将化身为鳗鱼绊倒他；她将化身为母狼，驱赶惊慌失措的牲口扑向他。

摩莉甘说自己说到做到，但库丘林依然是一副泰然自若的样子。一天，摩莉甘化身为一头没有长角的红色小母牛，带领她所有的牲口朝着库丘林冲了过去。虽然摩莉甘在攻击库丘林时用魔咒控制住了他的心智，但库丘林还是抓住了投石带，并朝她投掷了一块石头。结果，这块石头砸中了摩莉甘的一只眼睛。库丘林的粗暴行为更加激怒了摩莉甘。

上图 化身为美丽贵妇的摩莉甘出现在了库丘林面前。

文化中，战争很快就会接续。所以，对于此时的艾利尔和梅芙来说，要想从他们自己挑起的这场冲突中全身而退，是绝对不可能的。

日渐疲惫

接下来，康纳赫特人一个接一个前来与库丘林决斗，但全都被击败了，且大多有去无回，事实上，只有拉雷纳从库丘林手中活了下来。库丘林用力抓住拉雷纳的身体猛烈地上下摇晃，把他的肠子完全摇碎了，就连周围的空气中都充满了从他身上散发出来的恶臭味。尽管拉雷纳是唯一在与阿尔斯特英雄的较量中幸存下来的康纳赫特战士，他也只能在凄凉的难堪和痛苦中度过余生。库丘林也许是不可征服的，但他毕竟是一介凡人。所以，这种日复一日的英勇行为令他日益疲惫。特别是，因为得罪了摩莉甘，他不得不应对她的一次又一次挑衅。然而，局势并没有任何的缓和。梅芙和艾利尔呼吁进行谈判，但是，这场会谈却是一个陷阱、一场伏击——前去谈判的库丘林发现，等着他的，是长矛阵袭击。对这位英雄来说，这也许就是他每天的日常事务，但慢慢地，他越来越疲倦。后来，梅芙和艾利尔再次召唤库丘林前去谈判，却毫无诚意——他们派去和英雄进行谈判的，是乔装打扮成他们样子的女仆和弄臣。然而，库丘林一眼就看穿了对方的身份，不但把他们杀了，还将其钉在了高高的石柱上，让所有人都来嘲笑装扮得极为滑稽可笑的"国王"和"女王"。

到了这个时候，梅芙决定，他们必须打破之前和库丘林达成的协议，因为每天让一名最优秀的康纳赫特战士去送死，这样的代价太大，他们无法继续承受。（她忘了这项协议最初是应他们自己的要求才订立的，其目的只不过是不让康纳赫特军队遭受更大的损失。）突然间，库丘林发现自己是在跟整支康纳赫特军队和其他爱尔兰王国的联军进行决斗。一时间，十四支标枪同时对着他射来。但库丘林随便一挡便将其挡了回去。接着，上百名战士同时过河与英雄交战，但悉数被库丘林不费吹灰之力地杀了。因此，梅芙谴责库丘林的行为是不折不扣的谋杀：从那时起，双方决斗的这个地方被称"Cét Chuile"，意为"百人之罪"。于是，梅芙转而寻求更多人的援助，以对库丘林造成更大的威胁。沿阿尔斯特边境地区集结了一支由来自爱尔兰全国各地的战士组成的强大军队。眺望远方地平线上的落日，库丘林所看到的，是一片被各种武器光芒染成金色和青铜色、闪闪发光的天空。然而，这样的阵势非但没有吓倒库丘林，反而彻底激怒了他。他勃然大怒，一把抓起宝剑和盾牌，大声怒吼，吓得天底下所有的妖魔鬼怪都纷纷加入了他的行列。光是这怒吼声就足以令敌军瑟瑟发抖，一百多名康纳赫特战士被吓得倒地而亡。

宝贵的休息

然而，这样的胜利并没有使库丘林的疲惫感得到一丝一毫的缓解。他疲惫不堪、摇摇晃晃地站在那里，看见一名战士独自一人从北方向他走来。他以为这又是一个梅芙派来对付他的勇士，便打起精神准备自卫，但对方说自己不是来和库丘林决斗的。事实上，他不是一个"人"，而是一名来自仙界的士兵，几个世纪以来，他一

下图 人们认为，梅芙被葬在斯莱戈郡的诺克纳雷亚，图中这座史前石冢就是她的坟墓。

直都是神。他告诉库丘林：按照传统说法，他被称为"长臂鲁格"。鲁格很清楚库丘林的立场，并十分钦佩他的勇气和力量。但是，他也看得出来，库丘林此时已经疲惫不堪。所以，他愿意帮助库丘林。于是，库丘林躺下来睡了整整三天三夜，鲁格不但一直在一旁守护着库丘林，还趁这位年轻人睡觉时用药膏和草药为他疗伤。

其他的盟军也在集结。当库丘林睡着时，阿尔斯特的男孩子们在他们的父亲还在痛苦中苦苦挣扎时，带着他们的投掷球棒前来帮助他们的英雄。总共来了一百五十名男孩。孩子们在战场上表现得十分勇敢：他们最终全都被敌人砍倒了，但在临死前杀死了三倍于自己数量的敌人。正是因为这些孩子们的拼死抵抗，库丘林才得到了宝贵的休息。

库丘林所看到的，是一片被各种武器光芒染成金色和青铜色、闪闪发光的天空。

重返战场

一觉醒来，库丘林发现自己竟然酣睡了这么长时间，感到极为震惊和不安，担心这样一来也会让敌人得到休整。于是，鲁格给他解释了自己和孩子们在他休息的三天时间里所做的一切。听完鲁格的解释后，库丘林既为战斗一直在继续而感到欣慰，又为孩子们的牺牲而满怀对敌人的报复之心。他让车夫莱格把自己的镰刀轮战车准备好，打算亲自上阵，以弥补因为睡觉损失的三天三夜的时间。

库丘林的战车精美至极，但十分可怕。这辆战车不但轮轴上装有可以伸出来的镰刀般的刀片，而且每一个角上都装有锋利的钩子，就连拉车的战马都穿着布满尖刺的锁子甲。这样的战车既漂亮又可怕，总是能在一瞬间切断或者砍伤所有靠近者的四肢。但是，库丘林的第一道——也是最重要的一道——防护是鲁格在战车发动之前所施展的魔咒，因为这道魔咒不但能保护库丘林及他的战马免于遭受敌人的伤害，还能让凡人的肉眼看不见他们。库丘林站在战车的后部，看上去非常可怕，已经做好所有的战斗准备——他全副武装：除了八柄短剑以外，还佩戴了八支刺矛、八支标枪和八面盾牌；他不但从头到脚都穿着铠甲，还穿了二十七层束腰外衣，不是为了保护自己的身体免于遭受敌人的长矛和刀剑的伤害，而只是为了确保他在狂热的战斗中不会直接爆炸。他的头盔是镂空的，上面刻有凹槽，俨然一部扩音器，将他在战斗中的吼叫声传遍方圆数英里的天际。

此时，库丘林开始行动了，他的身体因愤怒而极度膨胀，全身的血管都在剧烈地跳动着，肌肉也绷得紧紧的。数以百计的敌军战士倒在了他的面前。杀红眼的库丘林不断催促车夫莱格驾着他的战车从最密集的康纳赫特及其盟军队伍中呼啸而过。只要库丘林的战车所到之处，敌军战士就被砍倒一片，就像丰收时节被砍倒在庄稼地里的玉米一样。据编年史记载，那天，光是被杀的领主就多达一百三十位，其他的伤亡人数更是无以计数，库丘林却毫发无损，他的战车更是如入无人之境。

> 敌军战士被砍倒一片，就像丰收时节被砍倒在庄稼地里的玉米一样。

与弗迪亚的决斗

此时，艾利尔和梅芙已经无计可施，只好四处寻找另一位伟大的勇士来挑战库丘林。最终，他们想到了弗迪亚。弗迪亚不仅有特别角质皮肤的保护，还与库丘林一起在斯凯岛跟随斯卡塔赫接受过各种武器训练。斯卡塔赫唯一没有传授给弗迪亚的技能，是如何使用盖尔布尔加矛——这支魔法长矛是库丘林最喜爱的武器。不过，库丘林也没有像弗迪亚那样全身包裹着一层角质皮肤。

即便如此，弗迪亚在被传唤去见梅芙和艾利尔时还是非常小心谨慎的，因为弗迪亚和库丘林不但是同门好友，更是一对好兄弟——弗迪亚的父亲达曼曾和众人一起帮助照顾过小赛坦塔。所以，在弗迪亚看来，自己没有什么理由要跟库丘林相互残杀。于是，梅芙主动提出，只要弗迪亚愿意向库丘林发起挑战，就把美丽无比的康纳赫特公主芬纳贝尔下嫁给他，但是，弗迪亚毫不动摇；女王甚至承诺，愿意为此亲自与弗迪亚共度一个激情之夜，弗迪亚依然犹豫不决。最后，梅芙巧妙地暗示弗迪亚，库丘林曾公然藐视他的勇气和作战技能，这才说服了他，弗迪亚即刻同意出战，对于一位勇士来说，荣誉高于一切。

> 库丘林的战车精美至极，但十分可怕。

这场极为惨烈的决斗终于开始了。双方打得难解难分，不分伯

上图　库丘林驾着战车冲进战场，这是一幅非常可怕的景象。

车轮上的战争

公元前 3000 年左右，战车首次在中东地区使用，所以，它肯定不是由凯尔特人发明的。

不过，战车大受凯尔特人青睐，尤利乌斯·恺撒曾描述说，他在高卢和不列颠的战役中都遭遇过敌人的战车。这不难理解。战车不仅仅是一种战争武器。但一些学者认为，战车根本不是战争武器。这种观点可能有些难以接受，因为在某些情况下，一场措手不及的战车冲击的确能够驱散未经训练、无组织无纪律的敌军，并大大挫伤他们的士气。不过，怀疑论者的说法也有一定的道理。例如，古罗马人确实主要把战车用作一种举行庆祝仪式的道具：某位打了胜仗的将军可以站在战车上举行游行。这种做法的确像极了现代世界的领导人乘坐着敞篷豪华轿车举行公开游行。

战车在罗马人所进行的战争中几乎没有什么用处，除了像这样的胜利游行或者在斗兽场里赛马。但是，对于凯尔特人和《荷马史诗》中的英雄人物所崇尚的勇士文化来说，战车自然是他们首选的交通工具。对于这样的文化来说，就某种程度而言，战争在任何情况下都具有半仪式性质，都是一种勇士们彼此之间单独挑战、比拼个人实力、进行单打独斗的程式化仪式。

至于镰刀轮战车，虽然我们能够在古代资料中发现大量的相关描述，但在多年来的考古学调查中并没有真正出现过。战车的吸引力是显而易见的：它可以所向披靡地投入战斗，可以驱散像已经被割倒的小麦一样的敌军士兵，可以在最强大的敌军中杀出一条血路。然而，一些专家怀疑，这种非凡的战争机器是否真的存在过，它很可能只是一个古老的技术幻想，就如同现代科幻片中那辆为詹姆斯·邦德量身打造的阿斯顿·马丁一样。

仲。两位英雄各自把他们在斯凯岛上共同跟随斯卡塔赫训练的十八般武艺尽数亮了出来：他们使用飞镖、标枪、短剑和锋利的盾牌等各种各样的武器交战，用长矛刺杀对方，挥舞大刀相互砍杀。两人一刻不停地对打了一整天，谁也没能战胜对方，便决定停下来休息一夜，第二天天一亮就继续决斗。第二天，他们又打了一整天，但仍然没能分出高下。于是，他们又休息了一夜，相信到第三天一定能决出胜负。第三天，双方又互相刺、砍、戳、击、凿了好几小时，但似乎仍然没有哪一方能在这场激烈的混战中占据上风。在这紧要关头，库丘林的车夫莱格把盖尔布尔加矛丢了过来，库丘林小心翼翼地伸手接住了长矛。他用一只手紧紧地抓住这支全身长满倒刺的魔法长矛，同时用力将其举起扎向费迪亚。弗迪亚连忙举起盾牌。说时迟，那时快，库丘林弯下腰，挥舞着藏在束腰外衣下面的盖尔布尔加矛刺向弗迪亚的后背。库丘林知道，对手的角质皮肤是多么坚硬，想要刺穿它多么不可能。库丘林心里明白，后背是弗迪亚身上唯一没有坚硬外壳保护的地方，是自己刺伤弗迪亚的重要器官的唯一途径。弗迪亚倒下了。然而，弗迪亚倒下时，库丘林并没有感到丝毫获胜后的喜悦和解脱，而是觉得无比悲痛——他从未忘记过，在过去的岁月里，他们之间的兄弟情谊是多么亲密无间！从那以后，兄弟二人进行这场生死决斗的地方被称为了"Áth Ferdiad"（意为"弗迪亚的浅滩"），再后来，又被简称为"Ardee"。

阿尔斯特的反击行动

当库丘林的伤口恢复时，战场开始向北部转移。直到此时，阿尔斯特的男人们才摆脱了"分娩"阵痛。他们在阿尔斯特首都艾汶玛查集结，然后以数以万计的兵力向南挺进，终于做好了与敌人正面交锋的准备。于是，阿尔斯特国王要求与艾利尔进行一次面谈。结果，双方一致同意，大战一场，一决高下。

第二天黎明，战场上出现了可怕的摩莉甘的身影。她欢呼道，她将在这一天看到"渡鸦啃食人们脖子上的皮肤，鲜血喷涌而出……模糊的血肉，狂热的战斗"。最后，摩莉甘高兴地发出复杂的呼叫：

右图 充满悲剧色彩的友谊。图中为欧内斯特·沃尔卡普思的代表作，创作于1905年，描绘了库丘林将弗迪亚的尸体抱到河对岸的场景。

阿尔斯特万岁！

拿下爱尔兰！

拿下阿尔斯特！

爱尔兰万岁！

她要按自己的方式行事：一场高潮迭起的战斗将在几小时后打响，到那时，双方都会赢，但没有哪一方会成为真正的赢家。数万名爱尔兰最勇敢的战士将互相厮杀，他们将成就勇敢而伟大的功绩：

芬纳贝尔：红颜祸水

梅芙主动提出把女儿芬纳贝尔嫁给弗迪亚，这样的做法完全符合《劫掠库林之牛》中人们对女性的社会地位和性行为所持的普遍态度。正如我们所知道的那样，梅芙女王本人也曾多次毫不迟疑地利用自己（似乎相当具有诱惑力）的魅惑——她的丈夫艾利尔似乎也没有在这件事情上对她进行过任何评判。显然，他们的女儿也不反对母亲把自己的美貌作为讨价还价的筹码。(事实上，当她被要求去勾引阿尔斯特最重要的战士之一罗查德·麦克·费瑟曼，并以此收买他与康纳赫特人合作时，她迫不及待地接受了。)

但是，芬纳贝尔绝不是一个完全没有良知的女性，这一点是显而易见的。事实上，梅芙女王私底下把芬纳贝尔许配给每一个与康纳赫特结盟的爱尔兰领主。后来，这些领主清楚地意识到了这一点，这场梅芙女王为抢夺阿尔斯特神牛发起的战役才因此终于结束了。然而，当这场因国王夫妇在枕边争论他俩谁更富有而引发的战役结束时，为此而战死沙场的勇士已经多达七百名。得知这一消息的芬纳贝尔羞愧难当，立刻倒地而亡。

怒气冲冲的弗格斯·麦克·罗茨将一剑把三座相邻的小山削为平地。梅芙将亲自率领康纳赫特大军发起一场几乎成功突破的冲锋。事实上，康纳赫特一方在战斗中占据着上风。正当阿尔斯特战士们几近绝望时，库丘林加入了战斗。战局立即发生了逆转。当库丘林精疲力竭时，康纳赫特军队也完蛋了，他们带着战友的尸体狼狈地逃出了深谷。

但是，梅芙将在逃离战场之前取得最后的胜利。据说，虽然任何普通敌人都奈何不了库丘林，但他最终还是没能抵御梅芙的阴谋诡计。梅芙成功说服康·罗茨的儿子鲁盖德奋力向疲惫不堪的库丘林扔了三支施了魔法的长矛，以报杀父之仇：第一支长矛杀死了库丘林的车夫莱格；第二支长矛杀死了他无与伦比的爱马，毫不客气地逼停了他的战车；第三支长矛扎穿了他的身体，他的内脏全都从肚子里流了出来。即使到了这个时候，库丘林仍然屹立不倒，他把流出来的内脏用水洗净后塞回肚中，然后扶着爱马把自己绑在一根石柱上，这样就可以保持直立，直到最后被奸诈的鲁盖德用毒剑夺走了生命。

阿尔斯特赢得了胜利，但为此付出了沉重的代价：不但损失了最伟大的英雄库丘林——他实际上是被敌人暗杀的，还蒙受了失去那头棕色大公牛的奇耻大辱——康纳赫特军队在离开阿尔斯特时把唐·库林赶在了队伍的前面。

至于康纳赫特的勇士们，他们原本已经赢得这场战争，最终却失去了为之付出巨大代价的战利品——这是本应成为英雄故事的事件中一个更具讽刺意味的转折。梅芙和艾利尔带着他们抢来的棕色大公牛回到克鲁亨山后不久，这头公牛就遇到了艾利尔的白头大公牛费恩宾纳赫。两头公牛一见面就开始互相攻击，整日决斗。最终，唐·库林虽然赢得了胜利并杀死了对手，但自己也受了致命伤。痛苦不堪的棕色大公牛在爱尔兰四处横冲直撞，将美丽的田野山川搅了个天翻地覆，然后倒地而亡。

所以，这场战争的最终结局，只是无数人的死亡。而且，因为这场"夺牛大战"，双方各自损失了一头神牛。是的，一旦战争爆发，就绝不会有真正的赢家！这一切不就是一场劳民伤财的悲剧吗？当代的读者们肯定会这么认为。但是，那些最早聆听到凯尔特吟游诗人大声朗诵这些故事的人是否愿意接受这样的观点呢？那可不一定。

尽管这场战争本身不足以为道，但是，英雄们光辉的英勇事迹的的确确是一部可歌可泣的壮丽史诗。

战争仪式

与敌人交锋时，康纳赫特人所采取的第一个行动，是要求和对方举行一场谈判，达成停战协议，并正式安排一场稍后进行的战斗。在我们看来，这种做法凸显了凯尔特战争的仪式性质。这一特性在《劫掠库林之牛》的文本中不断得到强调。在这部作品中，即便是一场大规模的战斗，也往往被描述为一场接一场的单打独斗。

在托马斯·金塞拉1969年的译本中，艾利尔的演讲呼吁康纳赫特英雄们在阿尔斯特军队逼近时做好行动准备，演讲是一首名副其实的"专名诗"：

站起来，特拉格雷斯，脚步敏捷。

即刻启程赶往斯里亚布米斯，把那三个名叫科奈尔的人叫来见我；

即刻启程赶往卢阿查尔，把那三个名叫莱斯的美人儿叫来见我；

即刻启程赶往克洛斯特，把那三个名叫梅德的人叫来见我；

即刻启程赶往布阿斯河，把那三个名叫布依迪尔的人叫来见我；

即刻启程赶往布艾德内克河，把那三个名叫巴德的人叫来见我；

即刻启程赶往贝巴河，把那三个名叫布艾德尔塔赫的人叫来见我；

即刻启程赶往玛加，把那三个名叫穆雷达赫的人叫来见我；

即刻启程赶往莱克德格，把那三个名叫莱盖尔斯的人叫来见我……

在这场战争中，个人自豪感和狭隘的地方爱国主义远比我们在凯尔特民族精神中称为更广泛的"国家"利益的任何东西都要重要。虽然艾利尔和梅芙被称为国王和女王，但将他们视为一个松散联盟的领导者可能更合适：他们的"王国"康纳赫特与其他王国之间并没有清晰的界限。同样的道理，事实上，尽管这样的简写很方便，但严格来说，把康纳赫特或阿尔斯特的队伍称为"军队"也是不合适的。至少，如果我们认为，"军队"意味着我们很可能在一场现代战争中所看到的那种精心布设、紧密协调和严格管理的男性（以及如今的女性）群体，那么，上述说法就是有道理的。

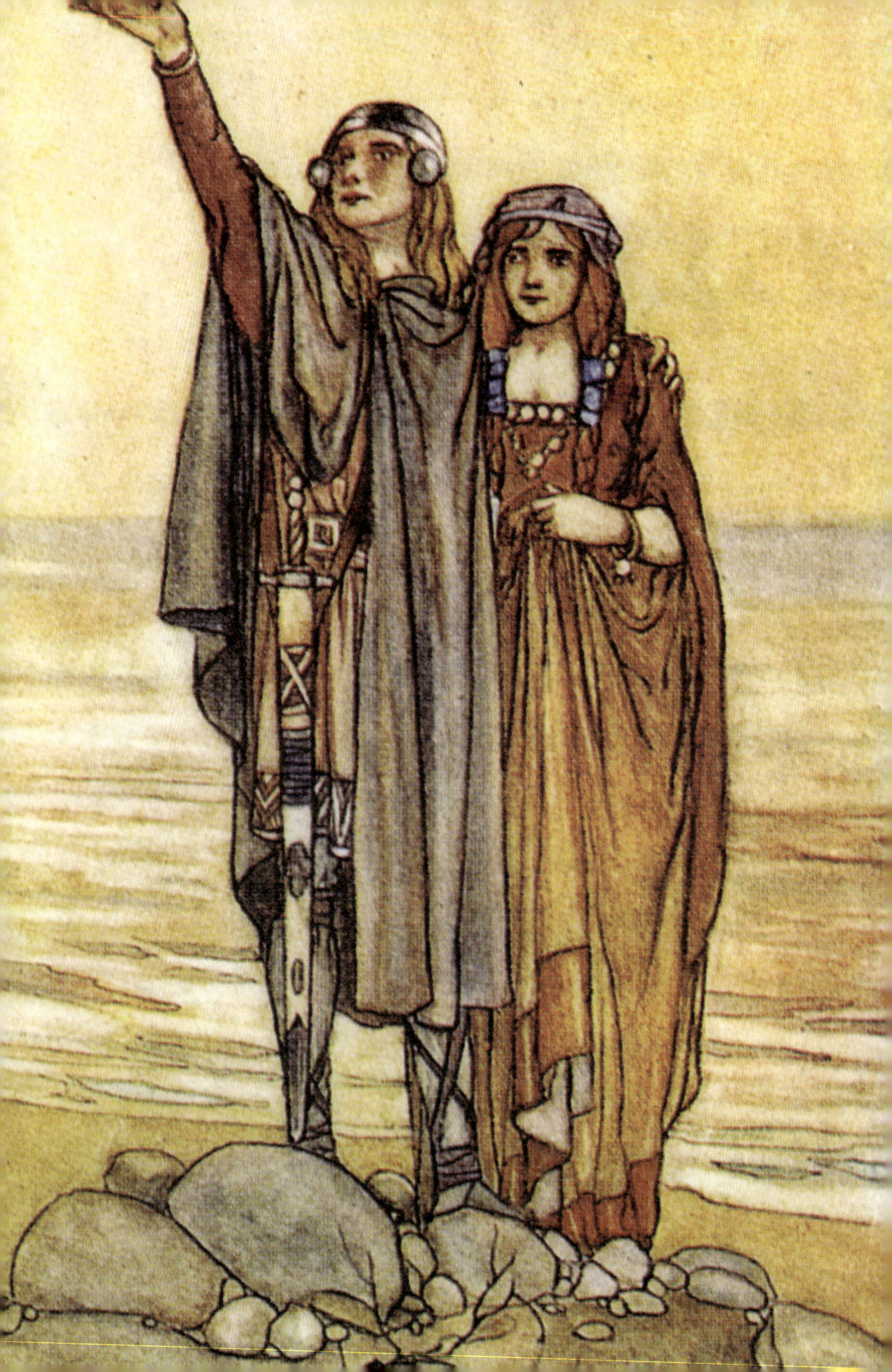

第三章

芬尼安传奇

"芬尼安传奇"比史诗《劫掠库林之牛》起源更晚一些，描绘了一个武士传统和神秘魔法紧密交织的奇幻世界。

历经上千年的历史演变，爱尔兰和苏格兰之间的关系越来越疏远。但是，如果从地图上看，横亘在两者之间的北海峡竟然如此之狭窄，可能会让你大吃一惊。在古代，爱尔兰和苏格兰之间交流频繁切畅通无阻，而且，两国人民都感受到了明显的凯尔特亲情。无论是正式联系，如在达尔里阿达王国统治时期，还是较为松散的联系，如库丘林在斯凯岛上拜师学艺时，这两个国家在生活方式、文化、语言等方面都有着许许多多相同之处，当然，也有着大量共同的传说故事。例如，芬恩·麦克·库尔既是苏格兰神话中的著名领袖和传奇英雄，也是爱尔兰神话中的重要人物。他的形象超越了地理界线，在某些故事中，甚至被描绘成了可以横跨北海峡的巨人，据说他在安特里姆建造了那条著名的巨人堤道，并把马恩岛扔进了爱尔兰海，留下了那个后来成为内伊湖的大坑。如今，这个身材魁、带有梧喜剧色彩的人物一方面可以被视为对更加古老、更崇尚英雄气概的凯尔特传统的讽刺，另一方面也可以连接了一个更加远古的时代，那个爱尔兰和苏格兰居住着巨人的时代。而这些巨人的原型，也许就是人们记忆中的异教诸神，换句话说，这些巨人就是人们以那些神祇为原型塑造而成的。但是，就像凯尔特文化传统的其他领域一样，这里的"边界"似乎也被打破了。当然，在被称为"芬尼安传奇"的故事集中，芬恩·麦克·库尔在凡人

左图 关于芬恩·麦克·库尔的故事有多个各不相同的版本。在其中的一个版本中，他的第一任妻子是一位名叫塔莎的仙灵公主。

生活和超自然世界之间架起了一座桥梁，也在古代世界和现代世界之间架起了一座桥梁。

局外人

事实上，芬恩·麦克·库尔是迄今为止最具"现代性"的神话英雄。他和他率领的费奥纳勇士团虽曾多次击退外敌的入侵，但一直被视为局外人和叛逆者，而非王军。十九世纪，一小群反英革命者给自己贴上了"芬尼安人"的标签，这是一次极其浪漫的穿越之行，但毫无疑问，这样的标签具有一定的历史意义。

就像我们所知道的那样，"芬恩"也是这位传奇英雄的昵称：芬恩·麦克·库尔的母亲穆伦在孩子出生时给他取名为"丹纳"，但后来，大家因这个小男孩儿长着一头漂亮的金发而称他为"Fionn"（芬恩，意为"金发的"或"白皙的"）。穆伦也是一名德鲁伊的女儿，以美貌著称，是很多男人倾慕和追求的对象，但她断然拒绝了这些男人的殷勤。在穆伦众多的追求者中，有一个叫库尔的男人。他是一群没有土地、没有领主的"绿林好汉"组成的自由组织（将其描述为一个半强盗团体也许更合适）的领袖。这个组织被称为"费奥纳勇士团"。这个名叫库尔的男人不顾穆伦的拒绝，便绑架并强行带走了她。得到爱尔兰百战之王康恩的许可后，穆伦父亲的朋友们紧紧地追赶这群强盗。他们很快就抓住了库尔，并把他杀了。然而，在那之前，他已经强行和抢来作新娘的少女发生了关系。

穆伦怀上了库尔的孩子，她的名声被彻底毁了：不管是不是受害者，她从此以后都不再是那个令所有男人倾慕不已、纯洁无瑕的美人了。她被赶出了自己的族群，但受到了女祭司博德摩尔的欢迎。碰巧的是，博德摩尔是库尔的亲妹妹。杀害库尔的凶手高尔·莫纳曾是库尔的副手，也是库尔在费奥纳勇士团的竞争对手。所以，高尔·莫纳似乎不太可能允许库尔的儿子活下来，因为这个孩子长大后必将为自己的父亲复仇。幸好，博德摩尔的家十分隐蔽：她把家安在了爱尔兰心脏地带的斯莱夫布卢姆山脉的山谷深处，那里的树木十分繁茂。在博德摩尔的家里，穆伦得以安心休养。终于，预产

左图 根据这张早期的前罗马时期的英国地图，这个岛屿上当时已经居住着凯尔特人。

期到了，穆伦生下了一个长着一头金发的漂亮男孩儿。穆伦给孩子取名为丹纳，并把他交给了博德摩尔抚养。他那一头金发实在太引人注目，也因此被称作芬恩。实际上，芬恩有两个养母，还有博德摩尔的同伴利亚丝·露其拉，她也是一位著名的女战士。她们将自己所有的技艺悉数传授给了芬恩。

与此同时，芬恩·麦克·库尔的亲生母亲也找到芒斯特王国国王作为自己的丈夫和保护者，她觉得可以安然无恙地把儿子接回自己身边了。但是，博德摩尔和利亚丝·露其拉不愿意把孩子还给穆伦，因为在她们看来，芬恩·麦克·库尔的人生道路和目标早已命中注定：他必须为自己的亲生父亲——当然，也是博德摩尔的亲哥

第三章
芬尼安传奇

上图 据推测，内伊湖是芬恩·麦克·库尔捡起一块岩石并将其扔进爱尔兰海时形成的，而这块岩石后来成了马恩岛。

哥——报仇，而这，是谁也无法改变的！甚至库尔对穆伦所犯下的罪行也绝不能妨碍芬恩·麦克·库尔履行其作为儿子必须履行的神圣职责，他必须无条件地支持自己的生父！他是库尔的儿子芬恩。当年，利亚丝·露其拉决定对其倾囊相授时，芬恩·麦克·库尔还只是

库尔的魔法宝袋

和"芬尼安传奇"中的许多人物一样，库尔在现实世界和超自然世界中都有一席之地。在反对者们看来，库尔身上存在着某种两极性：一方面，他是一个恃强凌弱的恶棍、强盗、强奸犯；另一方面，他身上又笼罩着一种超自然光环，最明显的体现在他保留着费奥纳勇士团著名的"魔法宝袋"。这个宝袋用神奇的鹤皮制作而成，装满各种各样的特殊武器，可以在任何可以想象到的紧要关头拯救宝袋的持有者。宝袋在库尔死后被莉亚夺走了，但芬恩离开博德摩尔和利亚丝·露其拉在森林里的家后所做的第一件事情，就是将其找回来。犹如命中注定一样，芬恩·麦克·库尔一出发就遭遇了莉亚，他们进行了一场战斗，芬恩胜利了，并把父亲的魔法宝袋夺了回来。

个七岁的少年；而现在，他必须出去闯世界，通过各种历练来完成自己的试炼。他还很年轻，但已经拥有一个普通男人所没有的力量及超乎常人的技艺和勇气，是时候让他独自应对这个世界及世界上的一切危险了。

上图 在这幅插画家阿瑟·拉克姆创作于1920年的作品中，孩提时代的芬恩·麦克·库尔十分亲近大自然。

智慧鲑鱼

对于芬恩这样一个高大健壮、多才多艺的少年来说，找到一位领主来效劳原本不是什么难事，事实也证明了这一点。然而，当他的身份暴露以后，情况就截然不同了：没有哪位首领，愿意与高尔·莫纳为敌，不管他有多大的威望和权力。因此，虽然芬恩很不情愿，但总是被解雇。为了寻找一个容身之处，少年芬恩四处游荡、越走越远。有一天，他来到了博因河边，并在此遇到了德鲁伊芬尼加。这位年迈的德鲁伊收留了他，让他做自己的侍从。终其一生寻求知识和预言能力的芬尼加花了数年时间捕捉一条被人们称为"智慧鲑鱼"的神鱼。人们相信，智慧鲑鱼就栖息在这片水域之中。这条神奇的鱼因吃了从河岸神树上掉到河里的榛子（就像《博安智慧泉》故事中的那些榛子一样）而拥有了世界上所有的知识和智慧。据说，第一个品尝到智慧鲑鱼的人，无论是谁，都将获得这条鱼所拥有的一切知识和智慧：芬尼加下定决心要成为那个人。而且，他差点儿就实现了这个愿望。有一天，芬尼加在博因河里抓到了这条

右图 作为芬尼加的仆人,为主人烤智慧鲑鱼是芬恩·麦克·库尔的分内之事。

鲑鱼，这使他感到万分得意、心花怒放。芬尼加打算把智慧鲑鱼放在火上烤熟了再吃，便燃起了一堆火，并让年轻的侍从芬恩·麦克·库尔将鱼放在火苗上翻烤。后者照做了。几分钟后，鲑鱼慢慢烤熟了。很快，鲑鱼身上的鳞片发出了嘶嘶声，并开始在热气中冒泡。突然，鱼鳞上的一个泡炸裂了，鱼肉溅到了芬恩·麦克·库尔的手上。少年感到大拇指上一阵灼痛，立刻不由自主地把手指塞进嘴里吮吸起来。就在那一瞬间，芬恩·麦克·库尔突然拥有了世界上已知的所有知识和预言能力。芬尼加在一旁看到所发生的这一切，先是感到万分震惊，随即勃然大怒：这名德鲁伊心里明白，从那一刻起，世界上所有的知识都属于他身边的这个少年，而不属于把获得知识当作毕生所追求事业的自己。果不其然，从那以后，每当芬恩·麦克·库尔在生活中感到困惑不解或不知所措的时候，他只要咬咬自己的大拇指，就能立刻感受到灵感源源不断地涌入他的脑海。

塔拉的大殿

按照传统说法，塔拉是爱尔兰至高王的皇家府邸所在之地，然而现代考古学对此一直持怀疑态度，因为几乎没有什么证据能够证明"至高王"这样的统治者的确存在过。相反，我们有充分的理由怀疑，"至高王"只是人们在回顾过去时想象出来的统治者。近代早期，把爱尔兰视为整体，这似乎是"自然而然"的事情。然而，对于古时候的凯尔特人来说，爱尔兰从来就不是统一的国度，因为各王国向来都是各自为政的。

就像对拉斯克罗根和纳文要塞一样，我们也无法对米斯郡塔拉山上的土方工程和石柱建筑群妄加断定。我们只知道，这些建筑物似乎建造于铁器时代（部分建筑物可能建造于铁器时代之前），用于举行某种仪式。我们在这里找不到曾存在过令人望而生畏的防御工事或大型住宅建筑的任何痕迹，更不用说令人浮想联翩的宏伟宫殿建筑群了。塔拉给我们提供的，是一种令人敬畏的环境，一种令人难以忘怀和回味无穷的氛围：在这里，现代的凡人世界和古老的神话世界似乎有着某种神秘的联系。

为国王效力

为了效力于百战之王康恩，芬恩·麦克·库尔穿越了整个爱尔兰，终于抵达了王城塔拉。或者更确切地说，芬恩·麦克·库尔走进了国王和战士们正欢聚的大殿，然后径直朝这群人走了过去，并在人群中坐了下来，就好像自己是和这些人朝夕相处很长时间的"老伙计"一样。当被要求说出自己的身份并解释他为何会出现在国王面前时，芬恩·麦克·库尔没有退缩，而是毫不畏惧地站了起来，平静地大声说道："我是库尔的儿子芬恩·麦克·库尔。陛下，我父亲曾经侍奉过您，现在我也想为您效劳。"尽管他们之间有一段令人不愉快的过往——当初正是百战之王康恩下令杀死芬恩·麦克·库尔的父亲，这位国王似乎还是喜欢上了这个少年。

而康恩作为战士的经验和声望，是毫无疑问的，因此，他被尊称为百战之王康恩。但作为国王，他不得不努力维持自己的尊严，因为他在统治期间屡蒙羞辱。过去的二十年里，一个被称为"燃烧

左图 "人质丘"是塔拉的几个史前土方工程之一。按照传统说法，塔拉是爱尔兰至高王的皇家府邸所在之地。

者"艾伦的幽灵怪物在每年的萨温节都会跨过分隔"现世"和"彼世"的门槛，从塔拉以南不远处旷野里的小丘中冒出来，飞向高空，然后俯冲下来，落在皇宫的宫殿上，喷出火焰将所有的宫殿点燃、烧毁。那天晚上，他一到皇宫便用最柔和、最甜美的歌声哄所有人入睡。所以，他绝不会遇到任何抵抗，一切都将在他的掌控之中。

人们一到萨温节晚上就全副武装地等待怪物的降临，但每次都一觉睡到大天亮，醒来后只看到清晨的薄雾中夹杂着烧焦的木材和焦黑的土地散发出来的缕缕烟雾，年年如此。费奥纳勇士团曾试图保卫王宫，他们虽然像士兵一样坚忍不拔、孔武有力，但对艾伦的歌声毫无抵抗能力，他们一听到他的歌声就会萎靡不振、昏昏欲睡。

然而，芬恩·麦克·库尔拥有父亲以前作为费奥纳勇士团首领时所持有的魔法宝袋，他完全有能力应对这样的紧急情况。这个宝袋里装满了各式各样的武器，其中有一把能自动发出炽热红光的长矛。萨温节到了。那天晚上，库尔决定通宵不睡，等待幽灵怪物艾伦的

萨温节

萨温节因其代表丰饶、繁荣和希望而深受人们的欢迎，也被人们看作夏季即将过去、秋季即将来临的信号。自远古时代开始，人类文明似乎就一直十分惧怕"死亡"这种恐惧体现在夏日结束和进入秋天白昼时间的减少上，但是，秋收给人们带来的种种喜悦往往又冲淡了这种恐惧。

也许正因为如此，凯尔特人在每年10月31日晚上都会举行萨温节。这个节日标志着黑暗的来临和生命的终结，所以，人们会在那天晚上举办各种生动活泼却又令人毛骨悚然的娱乐活动，以消除他们对死亡的恐惧——他们会燃起篝火，以驱走黑夜，并为他们的祖灵和各路仙灵献上各种祭品。通过这种方式，凯尔特人似乎成功地把秋收时节那种不祥的预感扔到了一边，至少在完成最后的收割和秋天到来之前是这样。

在后来的基督教文化中，萨温节演变成了万圣节或万圣之夜。

上图 脸上涂着蓝色油彩的服务员。他们正在参加在苏格兰爱丁堡举行的萨温节篝火晚会。

降临，并与之决一死战。他将这把长矛抵在自己的额头上，只要他一低头，烧得通红滚烫的长矛就会刺痛他的额头，他立刻疼得睡意全无。艾伦的歌声多么令人陶醉啊，极具穿透力的竖琴声、悦耳动听的管风琴音符以及轻轻柔柔的浅唱低吟声完美地融为一体，从芬恩·麦克·库尔头顶飘过，非常蛊惑人心。听到这样的歌声，芬恩的头也情不自禁开始摇晃起来，昏昏欲睡。然而，他立刻被一阵剧烈的灼痛惊醒了。他揉了揉眼睛，摇了摇身体，恢复了警惕。

显然，那是一个令芬恩·麦克·库尔感到极度不舒服的夜晚，但是，正是因为这样的不适感，他才恢复了知觉。所以，当艾伦发起攻击时，芬恩·麦克·库尔已经做好了应战准备。

看到芬恩·麦克·库尔举着剑站在那里，艾伦俯冲下来，对准他

左图 远远地，芬恩·麦克·库尔听到了艾伦用竖琴弹奏出的第一串符……但是，有了那把烧得通红的长矛头的帮助，芬恩·麦克·库尔一直保持着清醒。

喷出一股火焰，但芬恩·麦克·库尔立刻举起了他的红色斗篷，帮助自己抵挡高温。幽灵万万没有料到，有人不但醒着，还能反击，甚至能抵挡住自己喷出的火焰。艾伦大败后转身落荒而逃，芬恩·麦克·库尔紧追不舍。就在艾伦即将逃到那个似乎十分安全的小丘时，芬恩·麦克·库尔用力抛出了手中的长矛。就在自己的家门口，就在分隔"现世"和"彼世"的那道门槛上，这只正在飞一般逃窜的食尸鬼被疾飞而来的长矛刺穿了身体。芬恩·麦克·库尔优哉游哉地走过来，挥剑砍下了艾伦的头颅。当芬恩·麦克·库尔带着这份"战利品"回到（完好无损的）塔拉时，他受到了百战之王康恩的热烈欢迎。康恩也接受了芬恩·麦克·库尔的要求，将费奥纳勇士团的领导权让给了这位年轻人。

芬恩·麦克·库尔的长矛刺穿了这只正在飞一般逃窜的食尸鬼的身体。

即使没有具体的复仇，芬恩的父亲至少也到了平反，他的儿子正式替他领导全局。掌管费奥纳勇士团之后，芬恩·麦克·库尔在现在基尔代尔郡的艾伦山上建造了一座堡垒。那是一座露出地面的火山，高高耸立于艾伦沼泽的东部边缘。

初为人父

有一天，当芬恩·麦克·库尔带着猎犬在森林里打猎时，他的猎犬群把一头小鹿团团围住，将其逼得走投无路。但是，当他作势要杀死这头小鹿时，被猎犬拦住了。芬恩·麦克·库尔在猎犬的帮助下抓住了这头受到惊吓的小鹿，并将其带回了营地。突然，小鹿不见了。站在芬恩·麦克·库尔跟前的，是一位美丽优雅的少女。姑娘解释说：她叫萨博，是德尔甘·斯科塔赫的女儿，因为拒绝跟恐怖多里奇（Fear Doirche，意为"黑暗的人"）同床共枕而被这位愤怒的黑暗德鲁伊变成了小鹿。似乎只要待在艾伦山上，萨博就能保持人形——在这里，芬恩·麦克·库尔能让所有的法术都起不了作用。然而，一旦离开这里，萨博就将被恐怖多里奇变回小鹿。

萨博和芬恩·麦克·库尔住在了一起，成为他的妻子。夫妻俩过

着非常幸福的生活，直到有一天，芬恩·麦克·库尔不得不离开他的堡垒去处理一桩紧急军务。萨博觉得，自己在没有丈夫陪伴的时候很可怜。所以，当看到"丈夫"早早回来时，萨博高兴得有些忘乎所以，一听到后者提议一起出去走走就迫不及待地跟他去了。然而，这个人并非真正的芬恩·麦克·库尔，而是恐怖多里奇施展魔法伪装而成的。结果，萨博一离开艾伦堡垒这个庇护所就再次被恐怖多里奇变成了小鹿。终于，真正的芬恩·麦克·库尔回来了，他心急如焚地到处寻找心爱的妻子。几个星期过去了，几个月过去了，几年过去了。就这样，芬恩找了她整整七年，但再也没有见过他美丽的爱妻。

然而，七年后，芬恩·麦克·库尔在斯莱戈郡本布尔本的山坡上偶然发现了一个全身赤裸的孩子。当地人告诉他，有人看到这个男孩是由附近森林里一头漂亮的母鹿养大的。芬恩·麦克·库尔立刻意识到，这头母鹿就是自己失散已久并为此哀恸不已的妻子，而这个孩子就是自己的亲生儿子。他兴高采烈地给儿子取名为"奥伊辛"（Oisín，意为"小鹿"）。奥伊辛在父亲悉心照料下慢慢长大了，不但成了卓越非凡的武士，还成为爱尔兰神话中最重要、最著名的诗人。

左图 本布尔本山。据说，芬恩·麦克·库尔曾在这里的山坡上狩猎，威廉·勃特勒·叶芝于1939年去世后也被埋葬了在山脚下。

上图

芬恩·麦克·库尔从恐怖多里奇手中救了萨博，并娶其为妻。但是，这个邪恶的德鲁伊最终还是把她抓了回去。

跟随妮芙前往梦幻岛

在凯尔特神话中，"现世"和"异世界"之间的边界并非是一成不变的，也不是不可逾越的。而在"芬尼安传奇"所讲述的一系列故事中，跨越这种边界的情形更是频繁出现：时常会有神灵、精灵、仙女等从"异世界"来到"现世"，也有凡人穿越那道门槛前往"异世界"。也许，美丽的妮芙是来自"异世界"访客中最引人注目的仙女。"妮芙"这个名字的本意就是"明亮的"或"闪耀的"，她光芒四射的外表也完全配得上这样的名字。

传说是这样的：

有一天，芬恩·麦克·库尔和战士们在森林里打猎时，遥远的西边天际出现了一位骑着骏马的翩翩女子。走近一看，他们不禁惊叹于她那无与伦比的美丽与优雅——闪闪发亮的金发、洁白娇嫩的肌肤、小巧玲珑的手脚。所有的男人都充满敬畏地望着她，只有芬恩·麦克·库尔的儿子奥伊辛看呆了，傻傻地站在那里。这位女子说她叫妮芙，此行的目的是要把奥伊辛带往她的家乡——快乐的异世界、永葆青春之乡。奥伊辛恳求父亲放他走，并答应很快就会回来看望他。尽管有一种不祥的预感，芬恩·麦克·库尔觉得自己没有理由拒绝儿子的恳求。于是，奥伊辛爬上了妮芙身后的马背。他们飞奔而去，在云层中翱翔。

奥伊辛的确是被狂热的爱情冲昏了头脑。但为什么不呢？妮芙并非一个阴险狡诈或口是心非的精灵，她要把自己所承诺的一切都给奥伊辛：她的美貌、她的忠贞、她的真情。而且，正如妮芙所说的那样，她的家乡是一个永远阳光明媚、充满无忧无虑的幸福、令人青春永驻的地方。

即便如此，血浓于水，故乡、故友也总是令人难以忘怀的。所以，虽然奥伊辛过得幸福，却十分想念自己的父亲和老朋友们。三年后，他觉得应该回家去看看他们。眼见奥伊辛因为有了这样的想法而日夜忐忑不安，妮芙十分担忧，但她不愿意阻止奥伊辛对家人和朋友的思念，在她看来，这样的感情是合情合理的，也不愿意做任何有碍于他幸福的事情。最终，妮芙同意把自己的神马借给奥伊

左图 妮芙骑着她那匹雪白的神马,神秘地将奥伊辛带往了仙界。

辛,好让他骑着这匹神马回去看看他远在爱尔兰的家乡。不过,在奥伊辛启程回爱尔兰之前,妮芙警告自己的丈夫:他将发现自己的家乡已经物是人非;而且,如果得不到他所期待的欢迎,也不要大失所望;无论做什么,他都必须记住,虽然回去看看自己的家乡是一桩十分美妙的事情,但他决不能下马踏上家乡的土地,因为那将会切断他和仙境——还有她——的一切联系。

就要回到故国家园了,就要见到亲朋好友了,奥伊辛兴奋得忘乎所以,全然没有把妮芙的警告当回事。但是,眼前的景象使他

但是,眼前的景象使奥伊辛看呆了。

第三章
芬尼安传奇

143

大吃一惊。妮芙的国家确实是一片永恒的青春之地。这就意味着，奥伊辛只在仙境待了三年，人间却已经过了三百年。他所有的家人——包括父亲芬恩·麦克·库尔——和朋友早就去世了，爱尔兰也已经变得面目全非。

当他向人们打听他所认识的那些人的情况时，他发现，虽然人们还清楚地记得那些人的名字，但他们只是作为远古时代的传奇人物而存在。悲伤不已的奥伊辛打算转身离开。但是，就在离开之前，他从马上跳了下去，想在小溪边喝一口水，一时间忘记了妮芙之前

右图 就在与凡尘土地接触的一刹那，奥伊辛变回了凡人模样，一下子老了三百岁。

告诉过他的那道禁令。

就在与凡尘土地接触的一刹那，奥伊辛变回了凡人模样，一下子老了三百岁，突然间从英俊青年变成了弯腰驼背、面容枯槁、头发花白、双目失明的垂暮之人。（有资料显示，身染重疾的奥伊辛在生病期间遇到了刚到爱尔兰传教的圣帕特里克并得到了他的悉心照料，不过，人世间哪有能让普通凡人返老还童的神丹妙药呢？）当已经做了母亲的妮芙心急如焚地前来寻找孩子父亲的时候，她再也找不到奥伊辛的任何踪迹了，因为他已经死了。

情场失意

作为爱尔兰最强壮、最英俊的英雄，芬恩·麦克·库尔的身边从来不缺女人。然而，自从失去萨博以来，他再也没有对哪个女人动过真心。至少在见到至高王康马克·亚特的女儿格拉妮公主之前是这样。格拉妮被公认为她那个时代最美丽的姑娘。芬恩·麦克·库尔对这位美人一见倾心。另一方面，格拉妮想到自己在这位爱尔兰最伟大的英雄心中激起了如此强烈的爱慕之情，也感到受宠若惊。于是，芬恩·麦克·库尔恳求国王把女儿嫁给他。国王欣然答应了，并为他们举办了一场盛大的订婚宴。爱尔兰所有的勇士和漂亮女士都出席了这场订婚宴，以表达他们对国王、王室、芬恩·麦克·库尔以及这场有望成为爱尔兰王国多年来最了不起的美妙姻缘的支持。

在出席宴会的众多宾客中，有一个名叫迪尔米德·奥·德利安的勇士。他的父亲是古老的爱尔兰传统中半人半神的死神多恩。更重要的是，迪尔米德的亲生父亲去世后，美貌、青春和爱情之神安格斯·麦克·艾格收养了他。迪尔米德·奥·德利安相貌堂堂、体格高大健壮、举止优雅从容、谈吐温文尔雅。很难想象，还有哪个年轻人能比迪尔米德·奥·德利安更有魅力呢？所以，无论迪尔米德·奥·德利的身世给他的故事增添了多少讽刺意味，对于芬恩·麦克·库尔来说，最为重要的，都只有一点——这是一个无所畏惧而又异常英俊的年轻人。（在有的版本中，迪尔米德·奥·德利安被赋予了一种超越现实世界所有吸引力的魅力。根据这个故事的描述，

奥西恩骗局

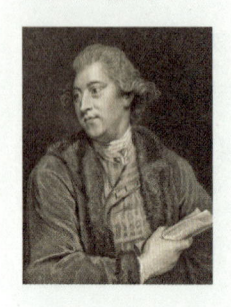

芬恩·麦克·库尔在爱尔兰传统中所占据的地位是不容置疑的,但在苏格兰传统中的地位就不是那么稳固了——颇为讽刺的是,这在很大程度上是因为他以前的名声。十八世纪,当诗人兼学者詹姆斯·麦克弗森(1736—1796)决定创造一位"古代"盖尔语吟游诗人时,他选择了芬恩·麦克·库尔的儿子奥伊辛(Oisín),或者被其现代化的"奥西恩(Ossian)",而他本人就是这一角色的原型人物。詹姆斯·麦克弗森坚称:他在1760年开始出版的一系列诗篇(见左下图)都是直接从他所发现的盖尔语手稿原文中摘取下来的,他本人只不过是把这些诗篇从盖尔语翻译成了英语。而且,詹姆斯·麦克弗森的的确确是一位有着卓越成就的盖尔语研究专家,所以,他的说法也不是完全站不住脚。

但是,这些作品中的某些东西似乎过于完美,甚至过于"盖尔语",这让人觉得它们不像是真正的古盖尔语诗歌。要说下面这首作品出自一位骄傲而高贵的凯尔特吟游诗人之手,这也许有点可疑:

当阴暗的秋色掠过杂草丛生的山峦,阴郁而黑暗的洛克林小树林的首长们也一个接一个地来到了这里。他们高大如莫文之鹿,向丛林之王发起了攻击。他身旁的盾牌闪闪发光,犹如夜间荒郊野林中的火焰。当夜深人静的时候,行路人看见一群鬼魂正在盾牌发出的微光中嬉戏。

约翰逊博士看穿了詹姆斯·麦克弗森的想法,并一针见血地指出:这些诗篇就是粗暴地强加给大众读者的垃圾作品。不过,大多数读者很乐意接受这种强加。即便是相对老练的读者,也喜欢这些诗篇。所以,这些所谓的奥西恩的诗篇曾轰动一时,传遍了整个欧洲和北美地区。甚至连美国总统托马斯·杰斐逊和法兰西第一共和国皇帝拿破仑·波拿巴也酷爱这些诗篇。不仅仅普通大众,就连像门德尔松和舒伯特这样的作曲家也曾从奥西恩的作品中找到过创作灵感。(《赫布里底群岛序曲》,又名《芬格尔山洞序曲》,是门德尔松在与其友人同赴斯塔法参观后有感于所谓的"芬格尔山洞"的神奇景色而创作的音乐会序曲,也是门德尔松的代表作之一。此曲常常令人们想起"奥西恩热"曾在苏格兰掀起的旅游热潮。)

然而，基于被詹姆斯·麦克弗森骗局所欺骗"的那些人当中包括了约翰·沃尔夫冈·冯·歌德这样的伟大诗人这一事实，人们不禁要质疑：约翰逊博士对这些诗篇的轻蔑性评论究竟有何道理？

这些诗篇可能是一些仿作，但读者的确能从中品到原汁原味的古盖尔语诗歌所特有的氛围和味道，而且，它们找到了一种把一段遥远而浪漫的过往栩栩如生地再现在当代读者面前的方式。而已经对经典作品的正确性、平衡性和有序性倍感厌倦的当代读者们也渴望陶醉于那些狂野不羁的辞藻、无拘无束的激情和"原始古拙"的情感之中。

无论如何，今天的学者们相信，奥西恩的作品至少在一定程度上是源自盖尔语手稿原文的，而并非像有人所声称的那样完全是一场骗局。

右图 不管奥西恩其人其事是否真实存在过，都引发了欧洲大陆各族人民的美好幻想。法国画家让-奥古斯特-多米尼克·安格尔在其创作于1813年的这幅画作中成功地捕捉到了奥西恩的"幻境"。

第三章
芬尼安传奇

147

他之所以具有任何女人都无法抵挡的魅力，是因为他被施了魔法。某天晚上，他在树林里遇到了一个仙女，这个仙女诱惑了他，作为对他的回报——或者，也许应该称之为对他的诅咒更为合适，在他身上留下了一块爱斑。因为这块爱斑，任何女人，只要见到了迪尔米德·奥·德利安，都会立刻坠入爱河，难以自拔。）

无论迪尔米德·奥·德利安的魅力源自哪里，格拉妮都无力抗拒，一心想要嫁给他。随着宴会的继续进行，公主越陷越深，似乎眼里只有这个令他一见钟情的男人。事实上，她也曾努力过，想把自己的目光从迪尔米德·奥·德利安身上移开那么一小会儿。宴会上的女人们都这么想，尽管她们从未把这个想法说出口，迪尔米德·奥·德利安不仅容貌特别出众，言谈举止格外引人注目，而且在年龄上也和准新娘更为匹配。另一方面，迪尔米德·奥·德利安当然也不可能对格拉妮的美丽无动于衷，但是，他是一个品格高尚的人，从来没有想过要冒犯像芬恩·麦克·库尔这样一位备受敬重的男人。然而，被炽热爱情冲昏了头脑的格拉妮不但完全失去了理智，更置法律与道德于不顾。而且，她掌握了一些魔法。于是，她决定动用自己的魔力给迪尔米德·奥·德利安下咒。显然，迪尔米德·奥·德利安也是爱她的。不管对方喜欢与否，她都要让这个男人屈服于炽热的爱情，放下所有的责任和荣誉，带着她一起私奔。

至高王康马克·亚特为芬恩·麦克·库尔和格拉妮公主举办了一场盛大的订婚宴。

一切都是公平的，但是……

最终，迪尔米德·奥·德利安带着格拉妮公主出逃了。尽管勃然大怒的芬恩·麦克·库尔带着一群支持者跟在他们后面穷追不舍，但这对恋人还是设法逃进了最茂密的森林深处。在迪尔米德·奥·德利安的养父，在青春和爱情的守护神安格斯·麦克·艾格的帮助下，他们成功躲过了芬恩·麦克·库尔及其手下的追杀，并找到了一个安全的住处（据说，他们躲进了克里郡格伦贝的山洞）。芬恩·麦克·库尔派出的追兵追到了这里，但都被迪尔米德·奥·德利安击退了，只得两手空空地返回。眼前的危机总算过去了，事态也渐渐平息了。而且，安格斯·麦克·艾格想方设法接近芬恩·麦克·库尔，企图说

左图　格拉妮正在向一名德鲁伊打听：那个出现在她的订婚宴上的英俊少年是谁？

服他与迪尔米德·奥·德利安和解。终于，这位大英雄向大家表明，他已经原谅了迪尔米德·奥·德利安和格拉妮。这对年轻人的心态也慢慢恢复了平静，过上了十分惬意的生活（事实上他们一共生育了五个孩子）。久而久之，迪尔米德一家过上了普通人的生活。安格斯·麦克·艾格继续向芬恩·麦克·库尔示好，尽力改善后者和迪尔米德·奥·德利安的关系。他的努力没有白费：芬恩·麦克·库尔和迪尔米德·奥·德利安不但重修旧好，还相约一起外出打猎。

有一天，他们一起出发前往森林里打猎，并在那里享受了一上午美好的狩猎时光。在一头发狂的野猪出现之前，一切都是那么美妙。突然之间，这头被一群猎狗团团包围在一片灌木丛中的野猪从灌木丛中冲了出来，把迪尔米德·奥·德利安吓了一大跳。还没等众人反应过来，那头野猪已经向迪尔米德·奥·德利安冲了过来，并用恶毒的獠牙重重地戳伤了这个年轻人。当仆人纷纷围过来帮助迪尔米德·奥·德利安时，芬恩·麦克·库尔跑到了附近的小溪边为他取水——他的双手被施过魔法，因此，只要迪尔米德·奥·德利安能够喝到芬恩·麦克·库尔用双手捧回来的溪水，他的伤口便能痊愈。芬恩·麦克·库尔脑海里闪现的第一个念头也许是无私的，但是，就在他双手捧着溪水回来救治迪尔米德·奥·德利安的途中，他改变了主意。尽管事情已经过去了那么多年，芬恩·麦克·库尔的内心深处似乎仍然没有真正原谅迪尔米德·奥·德利安，也无法控制对这对年轻人当年对他所做的一切所感到的愤怒。他一直窝着一肚子火，尽管连他自己也没有意识到这一点。因此，芬恩·麦克·库尔虽然答应了为正躺在血泊中的迪尔米德·奥·德利安疗伤，并一路小跑到小溪边用双手捧起了溪水，却是慢条斯理地走回去的。有人说，他故意让可以救治迪尔米德·奥·德利安的溪水一滴又一滴地从指缝间流走。就这样，迪尔米德·奥·德利安带着无尽的遗憾和悲伤离开了人世。对于格拉妮来说，最爱的人已经离去，独自活着还有什么意义呢？她的生活也就此终结了：她终日待在心上人墓前，悲痛欲绝、日渐憔悴。

芬恩·麦克·库尔终于为自己报仇雪耻。似乎一切都是公平的，但是……

他一直窝着一肚子火，尽管连他自己也没有意识到这一点。

右图 迪尔米德·奥·德利安和格拉妮藏身的山洞。这个位于斯莱戈郡格伦加里夫的山洞是这对私奔的年轻人住过的几处藏身地之一。

道德审查

芬恩·麦克·库尔背叛了已经身受重伤、濒临死亡的故友兼下属迪尔米德·奥·德利安，但这并不是他一生中多数时刻的所作所为，尽管芬恩·麦克·库尔从来就没想过要成为一名现代人心目中的绅士：就这个方面而言，凯尔特神话是变化多端、难以捉摸的。这些神话故事上一刻还在以一种令人震撼的方式提醒我们，人类的本性几千年来几乎没有发生过改变，下一刻又反复强调，几个世纪以来的社会变革如何彻底改变了人类的本性。在我们看来，这个故事具有一定的心理学意义：芬恩·麦克·库尔的高贵是举世公认的；他在公正和礼貌方面的声誉无人能及，却因他对格拉妮的感情而经受了极度的考验，而且，就某种程度而言，这种考验已经超越了他的极限。他所失去的，不仅仅是爱，还有脸面。因为迪尔米德·奥·德利安和格拉妮的私奔，芬恩·麦克·库尔觉得自己成了众人怜悯和蔑视的对象。对于他这样一位只习惯于备受他人钦佩和尊敬的英雄来说，这简直就是奇耻大辱。

然而，即便我们就是以这种方式来分析芬恩·麦克·库尔在这件事情上所做出的反应，这种做法也显然是不合时宜的——芬恩就是芬恩，而我们唯一能做的，就是随他去吧。

骄傲自大和腐败堕落

芬恩·麦克·库尔对待迪尔米德·奥·德利安和格拉妮的方式暗示我们：这位"长着一头漂亮的金发、皮肤白皙"的英雄也有其阴暗的一面。而且，随着时间的推移，芬恩·麦克·库尔身上的阴暗面似乎越来越明显。在他的领导下，费奥纳勇士团不仅越来越强大，要求也越来严格，权势越来越大，他们欺侮国王和众位酋长，以获得更多的贡品，并扩大自己的影响力。当康马克·亚特还是至高王时，这位国王和芬恩·麦克·库尔或多或少容忍了费奥纳勇士团的种种越轨行为，毕竟，两位老人经历过那么多的坎坎坷坷，未免心慈手软。但是，康马克的儿子卡布利国王可不像他父亲那么多愁善感。其实，卡布利对芬恩·麦克·库尔本人并没有多少恶意，因为他娶了后者的小女儿安妮·芬恩为妻，是他的女婿。而且，卡布利和安妮·芬恩育有一女，名叫斯吉亚姆·肖莱斯（Sgiam Sholais，意为"美丽之光"）。

斯吉亚姆·肖莱斯谈婚论嫁的时候到了。按照当时的惯例，这被视为一次进行某种非正式外交的机会。卡布利的儿子们——也就是斯吉亚姆·肖莱斯的兄弟们——在一次争吵中杀死了德西国国王安古斯。卡布利担心，局势可能会因此失控，从而导致更大范围的冲突，便迫切希望找到解决问题的办法。在这种情况下，把斯吉亚姆·肖莱伊斯嫁给安古斯的儿子毛尔谢克林王子似乎是一种解决问题的明智之举：这场联姻将成为在两个家族之间建立忠诚与和平关系的纽带。对方也本着和解的精神接受了这一态度。于是，双方制订好了这对年轻人的结婚计划。然而，就在这个节骨眼上，费奥纳勇士团提出，他们要在新娘子的嫁妆中分得二十个金锭。如果说这个想法让卡布利觉得有点过分，那么，他们提出的另一个条件就更加离谱了：授予芬恩·麦克·库尔享有新娘"初夜""权利"。（根据《劫掠库林之牛》前几页的描述，这样的特权当时被毫无争议地授予

右图 芬恩·麦克·库尔领导下的费奥纳勇士团的成员们日益年迈，且越来越骄傲自大，更像是一群寄生虫，而非英雄。

了孔赫沃尔国王。显然，费奥纳勇士团之所以提出这样的要求，是出于他们对这件发生在远古时代的往事的好奇心。）

费奥纳勇士团提出的要求如此苛刻，而对国王和王国提供的保护却如此不得力，这使至高王大为光火。于是，至高王卡布利派人告诉芬恩·麦克·库尔：这两个条件他都拒不接受。芬恩回答说：与其得到斯吉亚姆·肖莱斯的初夜，倒不如得到她的人头——费奥纳勇士团将前来把斯吉亚姆·肖莱伊斯带走，再将其送去处以极刑。

通往加比哈山之路

卡布利勃然大怒：他下定决心，这次一定要彻底解决费奥纳勇士团，并组建一支完全效忠于自己的军队。于是，至高王把自己

左图 当听到自己的猎犬所发出的求救吠叫声时，芬恩·麦克·库尔冒险进入了一个住着四个丑陋女巫的山洞，这种行为是极为愚蠢的。

的使者派往全国各地，以组建真正的王军。使者们很快发现，各地方的国王和酋长们早就想摆脱费奥纳勇士团的摆布。由于当初高尔·麦克·莫纳不得不把费奥纳勇士团的领袖位置让给芬恩·麦克·库尔，更何况，他还是后者的杀父仇人，因此高尔·麦克·莫纳早就对芬恩·麦克·库尔心怀不满。他和他率领的莫纳部族很快与卡布利达成了共识。

不久之后，大批军队集结起来，纷纷投到至高王卡布利旗下，然后开往塔拉南部的丘陵地区。费奥纳勇士团也正在这里集结。他们离开了自己的营地，悄悄走出了艾伦沼泽，准备在加比哈山的低坡上迎战至高王和他的盟军，因为这里比沼泽地更加适合作战。费奥纳勇士团分为七个战队，斗志昂扬地列队站在战场上。他们吹响了战斗号角，完全不把正朝着他们快速推进的卡布利军队放在眼里。

接下来，根据战斗编年史《加比哈战役》的记载："这两支强大的军队展开了一场极为惨烈的战斗。"

"……就这样，极为惨烈的加比哈战役打响了。这是爱尔兰有史以来最惨烈的冲突。战斗中发出的各种恐怖的声音仿佛至今仍在我们耳边回荡：英勇的战斗呐喊声或者说伤员们的哀号声、盾牌撕裂的声音、人头被砍下来的声音、皮开肉绽的声音、鲜血喷涌的声音……雨水从四面八方倾泻而下，从地上的每一条裂缝渗到地底下；为了继续前进，士兵们不得不从堆积如山的尸体上爬过去……"

就数量而言，费奥纳勇士团远远不及对方，根据某些文献资料上的说法，王军的数量是其十倍或二十倍，但费奥纳勇士团都是极为杰出的勇士，而且，他们拥有大英雄奥斯卡。奥斯卡是奥伊辛的儿子，也就是芬恩·麦克·库尔的孙子。这个英勇强大的年轻人独自一人就相当于一支军队。他把卡布利的军队砍杀得血肉横飞，更是先后斩杀了卡布利深爱的两个儿子康恩王子和阿特王子的头颅，这令至高王伤心欲绝。奥斯卡还继续在混战中寻找卡布利，想要杀

右图

芬恩·麦克·库尔和他的朋友们成了科纳兰的女儿们的俘虏,直到他们的猎犬在外面用狂吠声招来了救援者。

死他。卡布利也在悲愤地寻找奥斯卡。结果,卡布利先找到了他的"猎物"。至高王痛苦地咕哝着,拔出长矛,使出全身力气朝"猎物"身上扎去。长矛穿过奥斯卡后背,从肩膀下方刺入了他的心脏。当这位勇敢的年轻人奄奄一息地躺在地上时,他所有的亲朋好友都围了过来,聚集在他的身边。失去孙子的芬恩·麦克·库尔不禁潸然泪下,这是人们第一次看见这位英雄流眼泪。

结局?

在这个故事的某些版本中,这也是芬恩·麦克·库尔所做的最后一件事情。当芬恩·麦克·库尔跪在孙子奥斯卡的尸体旁哭泣时,卡布利手下的五个勇士——被芬恩·麦克·库尔杀死的乌格瑞安的儿子们——从他的身后包围了这位英雄,并用力将他们手中的长矛朝他身上扎去。不过,许多人相信,芬恩·麦克·库尔没有死,只是睡

这两支强大的军队展开了一场极为惨烈的战斗。

右图 该图选自詹姆斯·麦克弗森的奥西恩史诗。图中的芬加尔（即芬恩·麦克·库尔）正在悼念孙子奥斯卡的遗孀马尔文。马尔文是在照顾已经年迈的芬加尔时去世的。

着了。他们认为：时至今日，芬恩·麦克·库尔一直和他率领的费奥纳勇士团一起沉睡在某座青山中的洞穴里，也许就在艾伦堡垒——这里曾是他们的大本营——的下面。他们已经在这里沉睡了好几个世纪，时刻等待着战斗的召唤。一旦祖国有难，他们就会被唤醒，立刻拿起武器，为拯救爱尔兰而决战到底。（有人可能会认为，像爱尔兰这样一个充满悲剧色彩、冲突不断的国家，竟然还没有达到需要英雄们醒来为之一战的地步，这实在是有点令人担忧。）不过，即便如此，这也是一个皆大欢喜的结局，也是一个令人难以置信的结局：无依无靠的英雄被打了个措手不及，甚至连保护自己的能力都没有，最后死在了为父复仇的对手手中。在现代的读者们看来，这样的形象似乎更为真实，因为这明显不是光彩照人的英雄人物形象，尽管这样的结局本身就是一个神话般的幻想。

但是，鉴于"彼世"在整个"芬尼安传奇"所讲述的故事中的重要性，用英雄们"长睡不醒"作为结局也并非完全不合适，尽管这样的结局似乎很令人感伤。大英雄芬恩·麦克·库尔和他率领的费奥纳勇士们正在大山深处做着梦，就像仙界的精灵们一直小心谨慎地居住在土丘里一样。这样的想法完全契合"魔法世界永远不会让人感到遥不可及"这样的一种故事序列背景。而在"芬尼安传奇"系列故事中，穿越于"现世"和"彼世"的事件时有发生：既有神灵、精灵、仙女从"彼世"来到"现世"，也有凡人前往"彼世"。

民间传说中的荒唐事

无论是醒着还是睡着，芬恩·麦克·库尔都生活在一些这样的传说中。就这个角度而言，这个大英雄永远都不会死。但是，传奇人物也有他们自己的命运。所以，不同版本的传说故事之间存在着巨大差异，有时甚至令人十分困惑。关于芬恩的传说故事如此，许多其他的神话故事亦如此。基督教抄写员们（似乎很有可能）复制了他们自己的版本，或者贬损了诸如《劫掠库林之牛》这样的伟大史诗。在他们抄写的版本中，普通的凡人男女——尽管这些凡人也很伟大——替代了神灵。同样地，在后来的几个世纪里，随着现代科学知识的出现，那些古老的信仰被进一步推向了大众意识的边缘，众神灵再次被诠释为童话中的食人魔之类的东西。如今，这些神话人物的活动范围已经不再局限于九世纪的米德大厅或十二世纪的修道院，他们经常出现在婴儿室或小酒馆。所以，我们发现，他们要么在儿童故事中，要么在冗长杂乱的成人故事中扮演着古怪的角色。在成人故事中，他们成了讽刺的对象，被塑造成了不受人敬重的情场老手，以满足更加老练的成年读者的需求。

巨人之战

这种类型的一个具有代表性的故事将爱尔兰神话传统中的两位巨人——他们确实可以称得上巨人——融合在了一起。在这个故事中，芬恩·麦克·库尔和库丘林都是怪物，但也都是带有喜剧色彩人物。

迷人风景的一部分

在苏格兰,就像在爱尔兰一样,古老的凯尔特神话已经深深植根于迷人的风景之中,因为几个世纪以来,人类的意识一直在逐渐理解并吸收这些神话。

对于苏格兰人来说,芬恩·麦克·库尔并不是一个和他们毫无关系的陌生人:根据某些文献资料的记载,由于害怕弑父凶手高尔·麦克·莫纳对其斩尽杀绝,幼年时的芬恩·麦克·库尔被迫流亡到了苏格兰,所以,他大部分的童年时代都是在这里度过的。任何人,但凡到过北尤伊斯特的特赫布里底岛,都不会忘记他们在兰格斯湖上方的山坡上所看到的那些被称为 Pobull Fhimm(意为"芬恩的勇士们")的石柱。而且,如果登上斯凯岛,我们还能在埃尔湖旁边的肯斯莱尔看到"芬恩的壁炉",其实就是两块巨石。据说,这两块巨石是芬恩·麦克·库尔和他的朋友们为了平稳地放置用来烤鹿肉的烤肉叉而立在那儿的。当然,作为厨艺相当不错的厨师,芬恩·麦克·库尔怎么会连一口大锅都没有呢?他的大锅名叫"芬恩的大锅",放置在今天的阿伦岛上。

苏格兰还有许多以芬恩·麦克·库尔之子奥伊辛(奥西恩)名字命名的旅游胜地,如兰诺克沼泽北端的"奥西恩湖"、格伦科南部的"奥西恩洞穴"(有人认为,这头"小鹿"当年就是在这个洞穴里秘密出生的),等等。据说,奥伊辛被埋葬在了离珀斯不远处的格伦阿尔蒙德的小峡谷里。十八世纪初,英国将军韦德和他带领的工程师们不得不把奥伊辛的墓碑从这里移开,因为他们当时正在修建一条军用道路,而这条道路必须经过奥伊辛的墓地。那可真是"费了九牛二虎之力",因为奥伊辛的墓碑是一块非常厚重的巨石。(他所修建的军事道路网旨在征服苏格兰,让苏格兰人对一个更现代但同样强大的神话——詹姆斯二世党人的命运、斯图亚特国王的统治权——做出回应。)当疲惫不堪的工程兵们终于想方设法把那块石头移开时,他们的确发现了埋在石头下面的人类遗骸。但是,这真的是奥伊辛的尸骨吗?这具尸骨真的是从传说中的那个时代以来就一直躺在那里的吗?

据说，有一天，芬恩·麦克·库尔正忙着建造那条连接爱尔兰和苏格兰的宽阔道路，现在，我们把仅存的那部分道路称为"巨人堤道"。就在这个时候，有人告诉芬恩·麦克·库尔，大名鼎鼎的库丘林渴望"会一会"他，正走在穿过堤道的道路上；库丘林已经击败所有的苏格兰巨人，现在要来征服爱尔兰巨人了。当然，库丘林第一个要打败的对手，就是芬恩·麦克·库尔，他不但声名显赫，更被尊为最强大的爱尔兰巨人。不过，库丘林完全没有把芬恩·麦克·库尔放在眼里。他本领高强，能够信手扯下一道闪电，用他那粗大的拳头一拳将其压成一小片类似薄饼的东西，然后把它装进自己的衣服口袋。他毫不怀疑自己能够像压扁闪电一样一拳把芬恩·麦克·库尔压扁。而且，芬恩·麦克·库尔本人似乎也毫不怀疑这一点，因为他突然非常想回家看看自己的妻子乌娜。芬恩·麦克·库尔一把抓起身旁的松树，将树枝砍掉，急急忙忙做了一根棍子，拔腿就走。见丈夫突然回来，乌娜感到十分惊讶，但也十分开心，并立刻表示欢迎他回家。不过，乌娜很快就觉察到芬恩·麦克·库尔一副心事重重的样子，便问他发生了什么事。于是，芬恩·麦克·库尔把库丘林要

右图 这个洞穴位于敦克尔德、珀斯和金罗斯的隐秘之地。据说，这里是奥伊辛出生的地方，所以被称为"奥伊辛洞穴"。这种浪漫而"荒唐"的民间传说可以追溯到十八世纪。

他毫不怀疑自己一拳把芬恩·麦克·库尔打扁。

来找他一决高下的事情告诉了乌娜。听到这个消息,乌娜不像丈夫那样惊慌失措,但也不知道该如何是好。

库丘林的脚步声越来越近,震得地动山摇,房间的墙壁不停地晃动起来,窗户和陶器嘎嘎作响。直到这最后一刻,乌娜才想到了对付库丘林的办法。"你必须伪装成一个婴儿。"她告诉芬恩·麦克·库尔。乌娜把丈夫推到房间角落里的婴儿床上,并用被褥把他盖住。她叫丈夫躺在那儿,并嘱咐他千万不要开口说话。不一会儿,库丘林来到了他们家的家门口。乌娜把库丘林领进了屋里,并端来了茶和蛋糕,以示对他的欢迎。但是,当库丘林告诉乌娜自己此行的目的是要找芬恩·麦克·库尔决斗时,她大笑起来,并用十分轻蔑的口吻告诉对方:即使是此时此刻,她的丈夫也在四处寻找库丘林这个鲁莽的狂妄小子,因为据说库丘林已经向他发起挑战。乌娜一边轻蔑地上下打量着这位不速之客,一边问他:"你知不知道,跟你这样一株营养不良的野草比起来,我丈夫有多么强壮?"

听到乌娜这么说,库丘林觉得有点尴尬,便咬了一口乌娜之前给他端来的蛋糕,哪知一口下去居然崩掉了两颗牙!原来,乌娜在烘烤这块蛋糕的时候往里面放了一根铁棍。

乌娜故意询问库丘林出了什么事,然后告诉他,芬恩·麦克·库

左图 位于安特里姆海岸的"巨人堤道"。据说,芬恩·麦克·库尔建造的那条连接爱尔兰和苏格兰的伟大道路如今就只残存这一小部分了。

尔坚持要吃这种有嚼劲的食物,以此锻炼强劲有力的下颚。她继续告诉库丘林:她那还在襁褓中的儿子也特别喜欢吃这样的东西,一边说一边对着婴儿床上的"婴儿"点了点头。

接着,乌娜走到婴儿床旁,把一块蛋糕递给了丈夫,不过,这块蛋糕里没有铁棍。接下来发生的一幕令库丘林惊讶不已:这个"婴儿"竟然一口就把蛋糕咬成了两半。困惑不已的库丘林走了过去,亲眼看到了这个巨大的"婴儿",吓了一大跳,心想:如果这是一个婴儿,那么,一个成年男子会是什么样子?!他想亲手摸摸能一口把一块那样的蛋糕咬成两半的牙齿。于是,他趴在婴儿床上方,一边低声哼着儿歌,一边把一根手指深深地插进"婴儿"的嘴里,并在里面戳来戳去,想要摸摸那些神奇的牙齿。

"咔嚓",芬恩一口咬掉了这根在他嘴里戳来戳去的手指!库丘林感到一阵钻心的疼痛,但是,他接下来遇到的麻烦更加致命。如果说芬恩·麦克·库尔把所有的智慧都藏在拇指里,那么库丘林的巨大力量则全部储存在这根的手指里。没有了这根手指,库丘林就像真正的婴儿一样孱弱无力。芬恩·麦克·库尔忘却了对库丘林的恐惧,突然从床上跳了起来,竭尽全力向敌人发起了攻击。转眼间,大英雄库丘林就变成了尸体。

第三章
芬尼安传奇

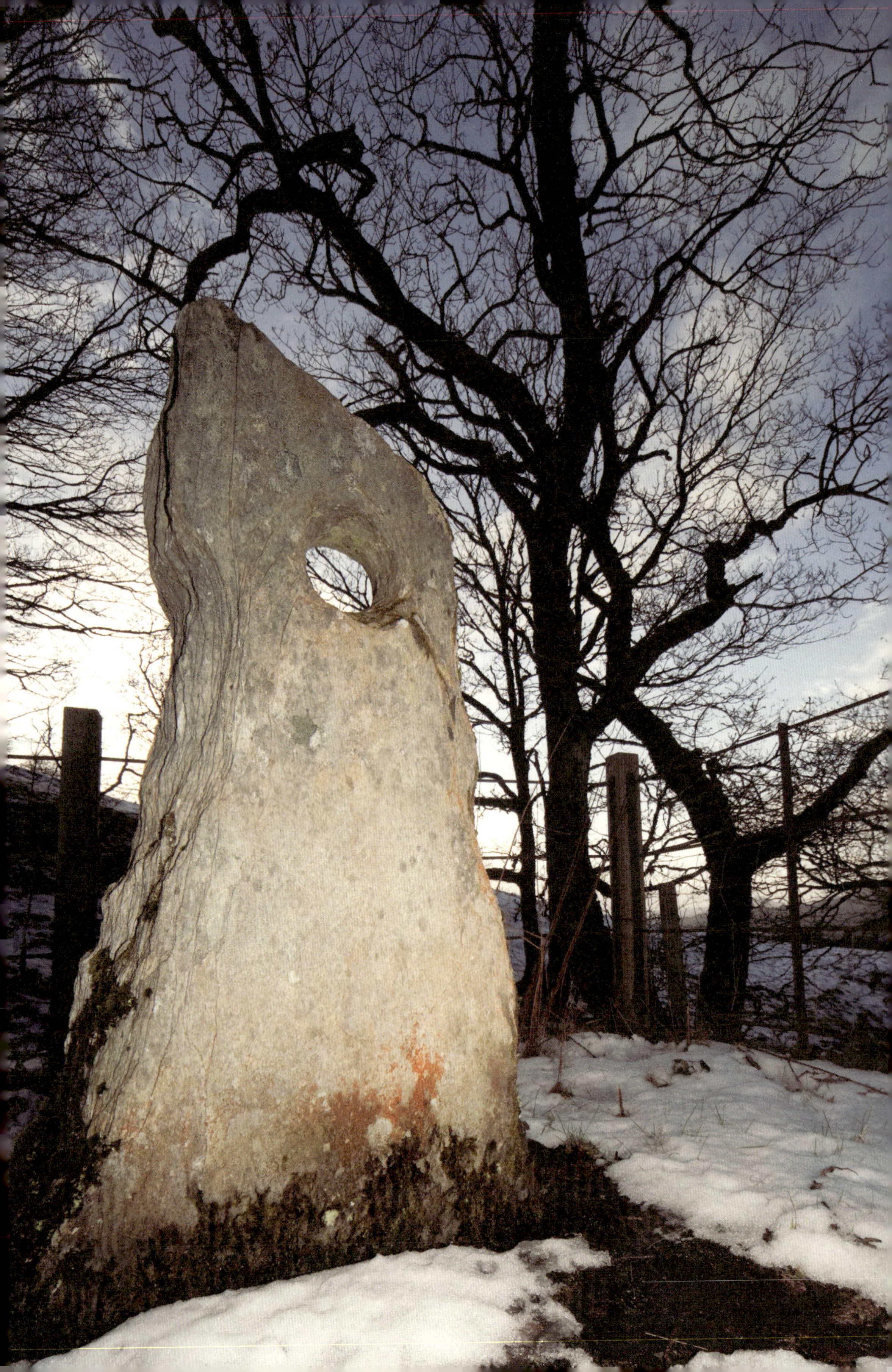

第四章

马比诺吉昂

被称为"马比诺吉昂（Mabinogion）"的威尔士传奇是一部奇特的作品。这部首次出现于十八世纪的作品虽然由一批最早记载于中世纪的故事拼凑而成，但究其根源，依旧是凯尔特神话。

随着郊区的发展，布罗姆伯勒并不比大多数城市更时髦，但比许多城市更有吸引力：它的确是默西塞德郡最绿意盎然的城市之一。你很难想象，这样的地方竟然发生过重大的历史性事件——那场决定各国命运的军事行动可能就是在这里展开的。很多学者认为，布罗姆伯勒是937年爆发的布鲁南堡战役现场。为了纪念这一战役，盎格鲁－撒克逊吟游诗人创作了一首重要的古英语诗歌，将其描绘为欧洲维京时代最血腥的一幕。诗人惊叹道："战场上到处流淌着战士们的鲜血，从太阳——这上帝的星星，永恒之主的蜡烛——升起来点亮白昼那一刻起，到它飘过大地、最终沉入遥远的地平线为止。"在这场战役中，来自都柏林（当时是维京人的聚居地）的北欧－盖尔人联军与来自苏格兰和威尔士的凯尔特人联军结为联盟，向英格兰中部地区进发，共同对抗当时已被逼退位的英格兰国王艾特尔斯坦率领的军队。虽然此役经常被人们认为是"英格兰"作为一个"实体"形成的时刻，但也有人将其标记为凯尔特诸国的关键时刻。对于威尔士来说，更是如此：也许正是在这个时刻，一段曾令苏格兰人引以为傲的历史第一次出现了失去定义、悄然消失的迹象，关于这段历史的清晰叙述逐渐消失在了神话中。威尔士人民将

左图 位于威尔士西北部的"格罗努的石板"：这个洞是莱伊的长矛留下的。莱伊掷出的长矛直接穿过这个洞杀死了格罗努。

右图 布鲁南堡战役（937）反映了英国当时复杂的民族政治形势。

再次崛起，事实上，他们永远不会放弃自己的民族自豪感。然而，作为一个独立的民族，威尔士人一直生活在"借来的"时间里。

曾经的辉煌

如果说阿马郡的纳文要塞不足以作为阿尔斯特国王孔赫沃尔的王城艾汶玛查史诗般的纪念，那么，凯尔利昂就更配不上它在远古时代的名声了。在修道士"蒙茅思的杰弗里"编撰于十二世纪的编年史《不列颠诸王史》一书中，一个如今已遭到毁坏的罗马营地被赋予了极为辉煌的过去。这个营地位于如今的威尔士南部城市新港的郊区。作为伟大的亚瑟王王城，这里曾是最令英国人引以为傲的大都会，也曾是英国最宏伟的大都会。杰弗里写道：

"它（凯尔利昂）不但比其他城市更加富裕，还有着极为优越的地理条件：位于格拉摩根郡的乌斯克河岸，靠近塞文海。这样的地方不但环境十分宜人，也适合举行各种隆重的仪式。凯尔利昂的一边紧邻高贵的乌斯克河，便于隔海相望的各国国王和王子们乘船到访；另一边则是美丽的草地和树林，以及华丽的皇家宫殿和镀金的屋顶装饰，甚至可以与罗马的宏伟相媲美。"

下图 凯尔利昂的罗马式圆形剧场尽管令人印象深刻，但无法与此地在凯尔特神话中曾经拥有的辉煌相媲美。

将凯尔利昂与罗马相提并论，这是一种挑衅，或者称之为一种讽刺更为恰当。考古学记录表明，早在亚瑟王生活的几个世纪前，该地区的罗马占领者曾赋予凯尔利昂这样的"辉煌"。杰弗里知道，他在其他地方描述的"军团之城"曾是罗马中心。但是，他不打算放弃将这段"历史"作为一段更晚、更浪漫的过去来进行叙述的想法。在罗马人于五世纪从此处撤军之后的这段特殊的"历史"中，盎格鲁－撒克逊入侵者被挡在了现在想象中的英国，最终是凯尔特的威尔士土地之外。

第四章
马比诺吉昂

地名"沃尔顿"

威尔士在法语中被称为"Pays de Galles"、在西班牙语中被称为"Gales",这就是为了纪念威尔士与凯尔特之间一脉相承的关系。英语中的"Wales"源于盎格鲁-撒克逊语中的"wealas"(意为"外国人")一词:一片黑暗的土地,简而言之,因其异己性而定义。然而,尽管将新国家划分为舒适的家园和敌对的外来领土可能很方便,但实际情况并非如此。主流的盎格鲁-撒克逊文化将凯尔特人的文化和生活方式传承了下来,至少在一段时间内,至少在一小部分地区。

因此,一时间,英国出现了大量被称为"沃尔顿"(字面意思是"外国人的居住地")的地方:这个地名在英国各地随处可见。从白金汉郡到坎布里亚郡,从什罗普郡到沃里克郡再到利物浦市区,就有二十多个"沃尔顿"。除此之外,还有许多含有"沃尔顿"的地名,例如在萨里郡有"泰晤士河畔的沃尔顿",在埃塞克斯郡有"德纳泽河畔的沃尔顿",在德比郡有"特伦特河畔的沃尔顿",在莱斯特郡有"沃尔兹河畔的沃尔顿",等等。兰开夏郡的普雷斯顿以拥有"沃尔顿·勒戴尔"而自豪,萨默塞特郡则因"戈达诺的沃尔顿"而引以为傲。

永恒的存在

凯尔特人再一次没有留下任何关于他们自己的书面记录,这多多少少有些令人沮丧。那些原本可能是一笔伟大文学遗产的东西只是在很久之后的版本中才传到了我们手里。这是经过很多修改后的版本,而且可以说是被"降格化"的版本。话说回来,一旦我们发现自己用"失败"这样的字眼来评价其他民族的文化决策,用我们自己的标准来衡量他们应该做什么或者不应该做什么,我们就必须立刻停下来,考虑是否有权力做出这样的判断。而且,对于凯尔特人,我们至少想知道,他们古老的神话中是否真的有什么令人兴奋、经久不衰的东西,这些东西经常"出现"在后来的各种更加现代的文学和文化想象之中:从中世纪的修道院,到二十世纪的"凯尔特暮光之城",再到今天。如果说我们无法确定凯尔特神话是否以其绝对原始的"纯粹"形式存在,那么,我们将会发现,它们经常出现在后来的欧洲文学作品中，有时候甚至无处不在。

由于我们在拉坦诺艺术中所发现的那种对开放式、不确定形式的宽容，对各种形状相互渗透、跨越边界、打破固定形式的共同兴趣，凯尔特思想和意象更容易与后来的其他各民族融合，并激发他们的创造力。随着各种权利的演变和社会文化的变革，凯尔特美学中关于非凡来世的思想竟然在第一个千年中叶完全彻底地"寿终正寝"了。同样，在英格兰和威尔士的关系中——某些方面更有趣的是，在英格兰和凯尔特文化和生活方式的内在持续链的关系中，在现代的主流文化和陌生的"他者"文化之间，我们看到了那种长期存在的、为我们所熟知的对立的开始。

骑士文学中的凯尔特传说

中世纪的一种文学体裁以一种特殊的传奇形式再现了凯尔特神话，而这种流派本身就具有强大的生命力。在这个流派的传说中，我们所熟知的，莫过于亚瑟王与圆桌骑士们的故事。《库尔威奇与奥

凯尔特神话以一种全新的形式再现于中世纪。

左图

沃尔夫拉姆·冯·埃申巴赫笔下的勇猛骑士珀西瓦尔（珀西瓦尔爵士）踏上了他的骑士征程。

凯尔特国王？

亚瑟王在凯尔特传奇史上的地位是含糊不清的。就能够证明亚瑟王其人存在过的任何证据（主要是匿名修士在九世纪编撰的编年史《布利顿史》和修道士"蒙茅思的杰弗里"在十二世纪编撰的编年史《不列颠诸王史》）而言，亚瑟·潘德拉贡是带领不列颠人抗击盎格鲁-撒克逊入侵者的领袖。这将使他成为一位令人信服的凯尔特英雄。

然而，我们所"知道"的与亚瑟王相关的一系列传奇故事，包括他本人以及他的追随者圆桌骑士们（如兰斯洛特、高文和珀西瓦尔等）的故事、他在凯尔利昂的王庭、他从孩提时代到娶貌美无双的桂妮维亚为后的传记，以及寻找圣杯的故事，大多是由中世纪鼎盛时期的作家们创作而成的，而且通常是由一些"外国"作家创作而成的，如法国作家克雷蒂安·德·特罗亚或德国作家沃尔夫拉姆·冯·埃申巴赫。这些作家所写的，是一种很久之后、明确的基督教传统。因此，他们的作品中所蕴含的，是与古凯尔特人截然不同的价值观，或者说是更现代的作品，如爱尔兰的《劫掠库林之牛》中所体现的价值观。不过，即便如此，就更深层次而言，亚瑟王的传奇故事确实与早期凯尔特传说中的意象和主题有关。例如，那位挑战高文爵士的神秘"绿衣骑士"可以被视为自然之灵，象征着基督的牺牲。"寻找圣杯"的传奇也是一个很好的例子：尽管圣杯与《福音书》中所描述的"最后的晚餐"有着显而易见的联系，但它可以轻而易举地被放进贡讷斯楚普大锅和普雷德里的金碗等一系列神圣而具有象征意义的凯尔特容器之中。

尔温》是被称为"马比诺吉昂"的叙事性故事群中的一个传奇故事，主要讲述一位勇敢的年轻骑士骑着骏马外出追寻他日思夜想的心上人。这就是极富浪漫主义色彩的骑士故事，关于落难大英雄及陷入困境的贵妇人和美丽少女的故事。据说，这个故事中的大英雄库尔威奇是伟大的亚瑟王的表亲。

如果说凯尔特爱尔兰伟大的神话故事群经基督教修道士抄写员之手发生了根本性流变，那么，那些通过中世纪的浪漫传统而流传下来的爱尔兰神话故事肯定被扭曲得更加离谱。著名的法国诗人克雷蒂安·德·特罗亚（十二世纪末）、创作了《特里斯坦》的德国作家戈特弗里德·冯·斯特拉斯堡（十二世纪晚期和十三世纪早期）以及他们的大批模仿者所竭力唤起的，是这样的一个世界：在这个世界里，各种好战行为只不过是用来编织一幅复杂的精美挂毯的几缕

各种好战行为只不过是用来编织一幅复杂的精美挂毯的几缕丝线而已。

丝线而已，要编织这幅挂毯，贵族的荣誉、彬彬有礼的做派、溢于言表的豪情和忠贞不渝的爱情，每一点都至关重要。无论是为了获得能够证明他对那位举世无双的心上人的忠贞爱情的战利品，还是为了寻找某种具有特殊意义的东西而进行的更具隐喻性的（甚至是形而上学的）求索，独自一人外出闯荡世界的游侠都将引起后人无尽的想象力。堂吉诃德在十七世纪初的塞万提斯时代是一个备受世人嘲笑的人物，但他并没有完全出局，很多年之后，他将再次出现。十九世纪，人们在一场针对经济市侩主义和工业时代的机械化大生产的对抗中再次发现了骑士传统。在一个似乎——用王尔德的话来说——"知道所有东西的价格，却不知道任何东西的价值"的年代，骑士的万丈豪情和自我牺牲精神令人心潮澎湃。现在依然如此，尽管骑士精神似乎与凯尔特人所奉行的价值观相去甚远——这些价值观可以从古典评论家或爱尔兰传说中得到真正的评判。

当然，在阿尔弗雷德和丁尼生勋爵的诗作以及前拉斐尔派的画作中，这些故事被重新诠释，而且被浪漫化了，呈现出一种朦胧的怅惘和失落气氛。因此，我们很难想象，古代吟游诗人与它们之间有什么联系。不过，即便如此，我们仍然可以这样认为：最显而易见的是，凯尔特神话就是以这种形式一直延续到了现代。

"马比诺吉昂"的流变

被称为"马比诺吉昂"的威尔士故事集体现了古代传说如何演变为现代幻想的基本进程。事实上，尽管由各种各样零零碎碎的叙述杂糅而成，"马比诺吉昂"作为一部单一而连贯的作品的地位似乎在凯尔特现实中没有任何基础。这个丰富而复杂的故事集的内容主要来源于各种各样的古代神话故事，其名字则来源于古老的威尔士语单词 Mab（意为"男孩"或"年轻人"）。这些故事在口口相传中流传了很长时间，最终在十二世纪和十三世纪由不同的基督教修道士抄写员用文字记录了下来，然后又消失了，直到十八世纪才被重新发现。我们无法从现代角度解读这部作品，其书名本身就是基于一种误解："马比诺吉昂"被笨拙地当成了一个威尔士语单词的复

右图 作为一部具有重要历史意义的作品，夏洛特·格斯特的《马比诺吉昂》不仅仅是一部翻译作品，更精妙地解开了一个难以解读、极为曲折复杂的叙事谜团。

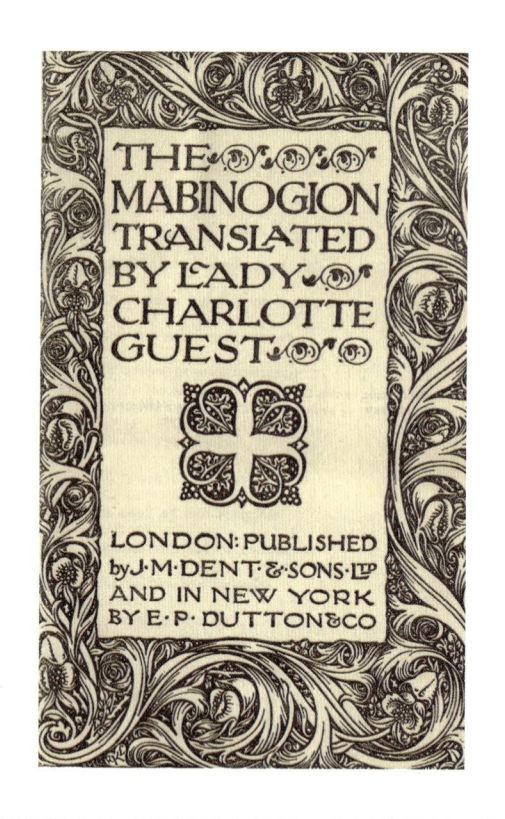

数形式，而事实上这个单词原本就是一个复数单词。书名"马比诺吉昂"所表示的"男孩子们"或"年轻人"的意义也不够清晰：威廉·欧文·普吉在其1795年的翻译中把"马比诺吉昂"解释为"少年的娱乐"；其他学者则把这本书视为"青年诗人"的学习手册。对于大多数现代读者来说，最知名的译本是由贵族教育家和学者夏洛特·格斯特夫人翻译而成的。经过多年辛苦努力，她可读性极强的翻译作品终于在1849年出版，对整个维多利亚时代都是一个启迪。

宫廷气质

毫无疑问，"宫廷气质"为这部作品定下了基调。格斯特夫人翻译的《库尔威奇与奥尔温》也许是这个故事集中最古老的一篇，却展现了中世纪浪漫主义作家在古老的故事情节中所赋予的典型的优雅和魅力。以后来的亚瑟王传奇的标准来看，这部作品远远算不上"精致"，书中几乎没有关于宫廷生活或骑士价值观的记载，但仍然

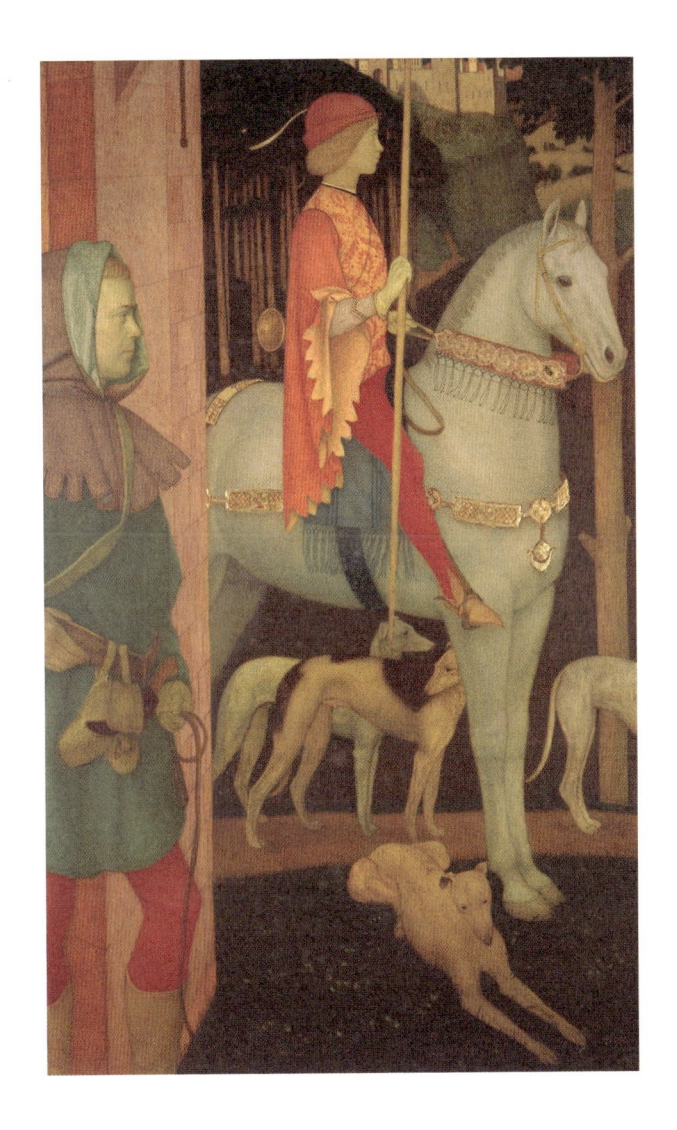

左图 库尔威奇不是可怕的战士，而是温文尔雅、具有宫廷风度的骑士。十九世纪出现了一种解读凯尔特神话的全新方式。

显示出了正在形成的、高贵的贵族理想。在这里，关于英勇的挑战、坚忍的考验和最终的胜利，叙述成了爱情故事。在故事里，战斗中的勇气显然是重要的；谦恭有礼的绅士战胜了残暴的怪物；基督教的美德战胜了魔法的力量。

"少年骑着一匹刚刚成年的骏马，马头上长着灰色斑纹，四肢结实，蹄形如贝壳，头上戴着金制的辔头，鞍座也是用昂贵的金子做成的。"似乎，英雄本人英勇善战的飒爽身姿很重要，他胯下坐骑的质量和装备的丰富程度也同样重要。它对武器的描述充满了爱意和消费意识，虽然顺带运用了史诗的惯例（劈风的利刃），却更容易让人联想起现代"性与物欲"小说，而不是《劫掠库林之牛》：

"少年手里拿着两把极为锋利、经过反复锤炼的钢头银质长矛。矛身长达三埃尔（旧时量布的长度单位，相当于115厘米），矛刃能将风劈开。要是被他的长矛刺中，血液流淌的速度比六月露水最浓时芦苇叶上的露珠滴落到地上的速度还要快。他的大腿上佩戴着一把金柄宝剑，剑刃是金质的，上面镶嵌闪电色调的金质十字架。他的战斗号角是用象牙制作的。他面前是两条灰色的猎犬，猎犬胸部长有白色的斑纹，脖子上——从耳朵一直到肩——挂着坚固的红宝石项圈。这两条猎犬就像两只海燕一样在他跟前嬉戏、蹦跳着：一会儿左边的那条跳到了右边，一会儿右边的那条又跳到了左边。此时此刻，他胯下的骏马用四蹄掀起了四块草皮，草皮绕着他的头上下翻飞，就如同四只在空中盘旋的燕子。"

书中甚至明示骑士服饰中那些重要行头的价值，尽管，用古雅的古语来说，这是以牛（"母牛"）的数量来衡量的。

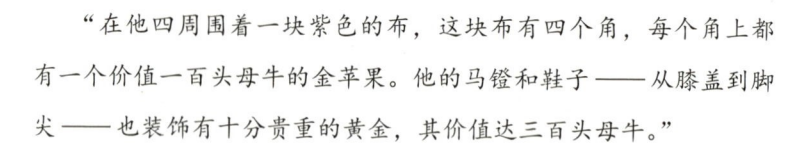

"在他四周围着一块紫色的布，这块布有四个角，每个角上都有一个价值一百头母牛的金苹果。他的马镫和鞋子——从膝盖到脚尖——也装饰有十分贵重的黄金，其价值达三百头母牛。"

总而言之，这是一幅雄伟壮丽的景象，但不知何故同时也是一幅虚无缥缈的景象：这位英雄几乎不是真实的存在。我们远离了罗马人所惧怕的"野兽"。我们不会把这个年轻的游侠骑士与库丘林或芬恩混为一谈，即使在这两位大英雄后来被重新塑造为充满喜剧色彩的巨人之前也不会。库尔威奇的优雅太过精致，以至于他似乎是一种虚无缥缈的存在：

"当他策马朝着亚瑟王宫的大门奔去时，他胯下骏马的脚步是那么轻盈，甚至连脚下的那一片青草叶都不曾压弯。"

上图 一个用木头雕刻的巫师头颅：在南威尔士新港北部的库尔威奇森林发现了许多这种具有代表意义的"马比诺吉昂"雕刻作品。

但是，即使库尔威奇不是过去那种身材魁梧、为人粗犷的凯尔特英雄，就像库丘林或者芬恩那样，这位温文尔雅的骑士仍然是一个纯粹的凯尔特人，因为他亲近大自然，他和他的骏马及环境之间存在着十分和谐的关系。

家庭剧

并不是说这种更广泛的宇宙秩序延伸到了家庭领域，而库尔威奇可能就是从家庭领域逃离的。据我们所知，这位年轻的王子是西里德国王的儿子，由国王心爱的王后格列乌德所生。然而，王后在

《马比诺吉昂》的创造者

夏洛特·格斯特女士（见右图）是林赛伯爵的女儿，1812年出生于英格兰东部的林肯郡——一个与凯尔特人毫无关联的郡。当时，贵族小姐的生活圈子非常狭窄，无论多么高贵，但她很快就开始努力拓展自己的视野。虽然懂一些法语和意大利语在当时被认为是淑女式"成就"，但少女时代的夏洛特·伯蒂在这方面远远超过了"正常"范畴，甚至超过了"得体"范畴。她还攻克了希腊语和拉丁语，又掌握了希伯来语、阿拉伯语和波斯语。

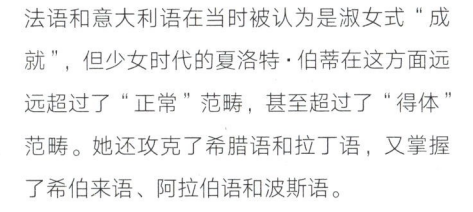

二十一岁时，她嫁给了议员乔西亚·格斯特。他是一位家境殷实的制造商，在威尔士南部梅瑟蒂德菲尔附近的道莱斯有一家钢铁厂。婚后，她跟随丈夫来到了这里，并在此积极参与组织各种工人教育活动。与此同时，她也继续追求着自己的事业，利用这个机会熟悉威尔士的语言和文学。在参与各种慈善活动之余，她还担任了一个越来越重要的角色，那就是协助当时已身染重疾的丈夫管理他的钢铁厂。

十九世纪的人们将凯尔特人视为浪漫的叛逆者，同样地，翻译《马比诺吉昂》的夏洛特也被同时代的人视为一个任意妄为之人、一个背经离道之人。在她自己的阶级眼中，被蔑视和贬低的威尔士被遗忘的文学传统并不是她所支持的唯一不值得支持的事业。尽管乔西亚·格斯特声名显赫、身家富足，但社会地位却"低于"夏洛特，这一点在两人结婚时就曾引起一场轩然大波。乔西亚·格斯特于1852年离开了人世，之后夏洛特嫁给了古典学者查尔斯·施赖伯，他担任过她儿子的家庭教师。此后，夏洛特发现自己遭到了所有人的回避和孤立。因此，在接下来的几年期间，夫妻俩不得不一直在欧洲各地旅行。

怀孕期间丧失了心智,她跑进了荒山野地,毫无目的地四处游荡着,像野兽一样生活在荒野之中。一天晚上,她终于在田野里一处破旧而低矮的房子里找到了栖身之所。然而,一头大母猪突然出现在了她的面前,把她吓了一跳。原来,这里是这头大母猪的家。受到惊吓的格列乌德突然感到腹中一阵抽搐,立刻分娩了。就这样,在泥泞和臭气熏天的猪圈里,西里德国王的王储来到了这个世界。后来,一个农夫发现了无助地躺在泥泞和猪粪中的王后和奄奄一息地躺在她身边的孩子,便立即去告诉了西里德国王。国王让人把王后和他们刚刚出生的儿子一起带回了王宫。可怜的王后只剩下最后一口气。她在临终前恳求国王,在她的坟墓上出现一株开着两朵鲜花的石楠——表示她的灵魂终于得到了安息——之前不要再娶王后。伤心不已的国王答应了,并向她保证自己一定会全心全意地照顾好他们的儿子。生孩子造成的创伤夺去了王后的生命,还在襁褓中的王子失去了亲生母亲。国王给这个孩子取名为库尔威奇。在父亲精心呵护下,小王子在王宫里快乐地生活着,他一天天长大了。

国王每年都会定期来到王后的坟前,并让仆人把长在坟墓上的杂草清除干净。有一年,国王发现一株石楠花从土里冒了出来,他终于可以再迎娶王后了。然而,国王的谋士们告诉他,唯一能够配得上他的女人已经嫁给了邻国的国王多吉。这可难不倒西里德:他向邻国发起了战争,并娶回了"他的"新娘,由于西里德国王发起的战争,她成了寡妇。虽然这样并不是婚姻最美好的开端,但也符合他所选择的新娘的特质。这位新王后容貌美丽但秉性邪恶,言辞温和但为人狡诈而恶毒:她实际上就是一个外表可爱的女巫。库尔威奇的继母希望把自己的家系与新婚丈夫的家系更加紧密地联系在一起,便逼迫王子与她自己的女儿成婚。王子断然拒绝了这桩婚事,这使新王后怒不可遏。

魅力与损害

不过,新王后太过狡猾,并没有把自己的愤怒表现出来。她对这位年轻人施加了一个诅咒,尽管她小心翼翼地把诅咒装扮成慷慨大度的祝福。王后带着一种仁慈的神情昭告天下，库尔威奇只能娶奥尔温为妻：众所周知，奥尔温是全威尔士最出色、最美丽的少女。没过多久，王后的险恶用心就昭然若揭了：奥尔温是巨人国王伊斯巴达登的女儿。伊斯巴达登的身材魁梧，面目狰狞，比任何人类教堂都要高大；他脸上的疣子像群山一样，丑陋的皱纹像沟渠一样深。他脸上的皮肤皱褶如此之重，他不得不用一把叉子撑开眼皮。如果说他的身材大得令人恐惧，那么，他内心的险恶更是令人发指。

妻子的宣告令西里德国王忧急不已。国王知道，伊斯巴达登有多么危险，要迎娶奥尔温有多么困难，但他太过天真，没有看出新王后预言背后的险恶用心。国王竭尽全力劝阻儿子，但库尔威奇发现，巨人之王的女儿已经深深植入自己的脑海之中，他真的无法将她从脑海中抹去。几天过去了，几周过去了，几个月过去了，库尔威奇再也无法打消迎娶奥尔温为妻的念头。奥尔温是他毕生追求的

他脸上的疣子像群山一样，他丑陋的皱纹像沟渠一样深。

左图 亚瑟王的看门人告诉刚到凯尔利昂的库尔威奇：他不能进入王宫。

野猪崇拜

库尔威奇故事中某些具有象征意义的元素和其浪漫、侠义的叙事之间存在明显不协调。我们知道"Culhwch"在威尔士语中的意思是"猪的藏身之地",对于这位威尔士王子的出生地来说,这可能是一个足够合适的称呼,但这很难给这位高贵的骑士带来尊贵的地位。但是从更长远的历史角度和更广泛的凯尔特语境来看,它并没有我们想象的那么无礼。凯尔特人是农耕民族,他们的猪因其肉和皮而备受珍视。猪像一种杂食性的热量转换器,它们什么都吃,排泄物是非常好的肥料;它们挖开地面,用鼻子嗅着找食物,就像在犁地,这对于一个不断努力避免饥饿的民族来说,非常有吸引力。还有什么能比富足更令人高兴的呢?至今在米兰老城区的中心位置仍旧可以看到古代凯尔特人留下的野猪浮雕。野猪在今天看来似乎不可能是一种崇拜。早期的神话声称,第一批猪是由冥界的国王阿兰送给威尔士中部戴菲德的普里德里王子的。戴菲德的北方邻居格温内斯德的历代领主们,在一系列战争中试图夺取已经被视为图腾的动物,其激烈程度不亚于爱尔兰为争夺阿尔斯特和康纳赫特的公牛而进行的战争。

左图 猪在凯尔特传统中享有很高的声望:这种(显然很是可爱的)野猪在克麦卡恩森林中随处可见。

理想伴侣（只是字面上的理想伴侣，因为他当然从未见过她），是他用来衡量所有女性之美和女性美德的标准——与奥尔温相比，其他所有的少女都黯然失色。她集他在生活中的所有追求于一身，是他所需要一切的化身；她是他终生为之奋斗的目标，是他必须终生追随的星星。他下定决心，赢得她既是他的命运，也是他的责任。

面对这一现实，库尔威奇的父亲极不情愿地放弃了自己的反对，只得对儿子的追求表示祝福。然而，西里德知道，如果得不到亚瑟王——也就是他的侄子、库尔威奇的表亲——的支持，这位年轻的骑士永远也不可能实现他内心的渴望。因此，出现了我们之前所看到的那幅场景：年轻的威尔士王子用"马刺"鞭策他的"战马"优雅而轻盈地穿过一片开阔的风景，展现在他面前的国家是一个无尽的冒险竞技场，他停留的第一个地方是凯尔利昂和亚瑟王宫的大门。

一个打破阈限的传说

当然，弃儿是童话故事的标准素材。库尔威奇出生时的环境，虽然不一定会令读者感到惊讶，却会令人感到不安。亲生母亲失去心智后的暴力行为、突然出生在猪圈里的痛苦经历及与动物密切联系所赋予他的神秘力量、与继母女儿之间的准乱伦婚姻的险恶威胁，以及由继母施加的恶毒诅咒……库尔威奇的故事取材于一种至暗的、涉及人类生存之根本的恐惧，这种恐惧似乎把我们带回到了与亚瑟王传说中梦幻般的浪漫主义相去甚远的凯尔特——甚至整个人类——意识的开端。

然而，这个故事被中世纪的浪漫小说作家们重新诠释成了骑士姿态或冒险，使其呈现出优雅和英勇的一面。

诅咒与赐福

尽管如此，故事也展现了其更深层次、更黑暗的一面。很快，库尔威奇的意图就遭遇了挫败：他发现进入亚瑟王宫的路被看门人格洛维德牢牢地挡住了。守门人告诉库尔威奇：国王正在大宴宾客，不得打扰。于是，库尔威奇施加了一个诅咒，以此来威胁对方。这个诅咒十分恶毒，触及了影响最深远、人类最原始的恐惧。这位年轻的骑士发誓说：如果对方不打开王宫的大门——

我必使你主蒙羞，必使恶报降临你们。就在这宫门前，我要发出三声致命的喊叫。我敢说，从康沃尔的彭瓦德山顶到北方的丁索尔谷底，再到爱尔兰的埃斯盖尔奥尔维尔，从未有人听见过如此致命的喊叫。凡此宫里已怀有身孕的妇人，必丧子；凡此宫里尚未怀孕的妇人，必将心染重疾，以致从今以后永不能生育。

> 他是多么相貌堂堂，多么高贵典雅。

库尔威奇的诅咒太过骇人，不但威胁到了亚瑟王宫廷生活的核心之所在，更是威胁到了王国的存续。看门人被吓坏了，连忙向国王汇报了情况，并把这位客人的模样告诉了国王——他是多么相貌堂堂，多么高贵典雅。

尽管谋士们告诫亚瑟王不要打破世代相传的惯例，他还是嘱咐看门人把这位新到的客人带进宫来见他。当看到大踏步走进大厅的库尔威奇时，亚瑟王为自己之前所做出的决定高兴不已。于是，亚瑟王叫年轻人坐下和自己共享盛宴，却惊讶地发现自己的热情好客竟然遭到了对方的拒绝。王子说，他希望得到亚瑟王支持自己的承诺，然后就会离开。当亚瑟王提出愿意给库尔威奇任何他想要的东西时，年轻人回答说他只想要国王赐福他的头发。亚瑟王同意了，拿出一把金梳子为客人梳理头发。

为库尔威奇梳理他那已经打结的满头乱发时，国王感觉到年轻人的头上正散发出阵阵温暖，这是一种只有亲人之间才能彼此感觉到的温暖。于是，国王问年轻人："你到底是什么人？"对方回答说："我是您的表亲。"国王的感觉得到了证实。王子讲完他的故事后，亚瑟王说："无论你问我要什么，我都会帮你。"库尔威奇回答说，他只想得到亚瑟王和他手下骑士们的帮助，帮助他赢得被誉为全威尔士最可爱的少女奥尔温。奥尔温可能很有名，但就连亚瑟王也不知道在哪里可以找到她。于是，国王派出众多使者四处搜寻少

女的芳踪。在接下来的一年里，使者们不仅找遍了全国各地，甚至找到了更远的地方，但全都无功而返，谁都没有找到像奥尔温那样出名、似乎正隐匿于某个地方的姑娘的踪迹。奥尔温的名声是那么显赫，实际上已经抹去了她的真实存在：世界上真的存在像她这样的美丽典范吗？

豪情七骑士

亚瑟王决定，是时候认真对待库尔威奇的事情了。他派出了六个最优秀的骑士，以帮助库尔威奇达成他的心愿。凯伊自然是亚瑟王的首选：此人不但可以随心所欲地把自己变成巨人，还可以连续九天九夜不睡觉，或者无须呼吸地在水底下潜伏九天九夜。除此之外，他的身体天生会发热，所以在最猛烈的暴雨中也能保持干燥，而他的双手在最寒冷的天气里也能生火。至于他的战斗能力，一旦被他的宝剑所伤，谁都无法痊愈。总而言之，他在任何战场上都是不可或缺的帮手。和凯伊一起去的还有他的朋友贝德维尔，他是全不列颠跑得最快的人，也是全不列颠在使用武器时出手最快的人，他手中的长矛能够以一当十。其他四人分别是辛德里格、古尔希尔、

上图　根据一份从十四世纪传下来的法国手稿的记载，亚瑟王的王庭设在凯尔利昂。

右图　亚瑟王的圆桌会议上完全不存在君臣之别和地位差异，每个骑士都可以自由发言。所以，亚瑟王的圆桌会议传统上被认为是废除了等级制度，促进了骑士之间真正的兄弟情谊。

梅努和高文西迈，他们各有神通：辛德里格擅长带路，哪怕在最陌生的地方也能轻车熟路地找到出路；古尔希尔是语言大师，能说人类知晓的每一种语言；梅努被施了魔法，可以随心所欲地改变自己的形状；高文西迈则是"最优秀的骑士"，也是亚瑟王的侄子。

　　库尔威奇和六位骑士出发了。他们在广阔的世界里长途跋涉了数日，其间翻越了数座难以逾越的高山，穿过了数片幽深莫测的森林，终于来到了一片开阔的草原上。在一片辽阔的苍穹下，他们向远方的地平线望去，看见了一座拔地而起的巨大城堡。他们心中燃起了希望，用马刺猛刺坐骑两侧，向着那座城堡疾速奔去；他们想，到傍晚时就能舒舒服服地躺在床上睡个好觉了。然而，夜幕很快降临了，城堡却依旧那么遥远。这就意味着，他们又要在寒冷的户外过夜了。第二天，他们又赶了一整天的路。但是，夜幕降临时，城堡似乎离他们越来越远了，他们不得不再次在户外安顿下来。第三天，他们的境况仍然没有什么好转。直到第四天的日落时分，他们才看见隐隐约约出现在眼前的城堡，终于快要到达目的地了！

> 他们发现自己来到了一片开阔的草原上。

一个被剥夺了一切的兄弟

但是，他们被一大群羊挡住了去路。他们以前从没见过这么多的羊：羊群向四面八方散开，一眼望不到尽头。库尔威奇和他的同伴们四处寻找牧羊人，发现他正坐在附近的山上看护羊群。他们走近牧羊人，问了他两个问题：他是在为谁看护羊群？身后的城堡是谁的？他悲伤地回答说：羊群和城堡都是伊斯巴达登的。牧羊人邀请这群陌生人到他的小屋里一起吃顿便饭，并向他们亮明了自己的身份：他叫卡斯滕宁，是伊斯巴达登的兄弟，后者却残酷地剥夺了他作为人的基本权利。牧羊人把客人们带进屋里，并向他们介绍了自己的妻子。当一家人意识到这群人不会给他们带来危险时，一个年轻人从他的藏身之处——房间一角的大石柜——走了出来。卡斯滕宁夫妻共生了二十四个儿子，只有这一个逃脱了伊斯巴达登的

左图 "少女穿着火红色丝绸长袍。"库尔威奇第一次见到奥尔温就立刻坠入了爱河。

第四章
马比诺吉昂

天生丽质

没有哪一种文学体裁比中世纪的骑士传奇更加毫不掩饰地矫揉造作。所以，奥尔温出场时的排场被描写得极度夸张。"少女穿着火红色丝绸长袍"，我们在格斯特夫人的翻译中读道："她的脖子上戴着金项圈，上面镶着珍贵的绿宝石和红宝石。"这样的描写为这些配饰设置了极尽华丽的基调，因此，我们很难注意到在关于奥尔文本人的描写中的那些微妙的转变——格斯特夫人在描写奥尔温本人的容颜时直接将其与大自然进行了大量比较：

"她的秀发比金雀花还要金黄，
她的肌肤比海浪中泛起的泡沫还要白皙，
她的双手和纤纤十指比草地喷泉中盛开的木莲花还要美丽。
她双眼明亮，堪比训练有素的雄鹰，
她目光炯炯，丝毫不输于三眼猎鹰。
她的胸脯洁白，远胜白天鹅，
她艳丽的脸颊胜过最红最红的玫瑰花。
凡见到她的人都会深深地爱上她。"

这只是一段记忆，一种沦落为文学铺陈的古老本能，但这种描述却让人想起了拉坦诺时代的半人半动物生物，更普遍地说，打破阈限的美学思想。据说，"奥尔温"这个名字在中世纪威尔士语中的字面意思为"白色的脚印"。事实上，我们确信，"但凡她踏足过的地方，四片白色的三叶草将会破土而出"。

毒手。然而，这个男孩未来的命运似乎总是那么暗淡，夫妻俩甚至不想冒险给他起个名字。此前，他一直过着野兽般的生活：无名无姓，胆小腼腆。骑士们一致认为，这不是生而为人应该享有的生存之道。于是，凯伊问卡斯滕宁："我是否可以把孩子从他这种躲躲藏藏的生活中解救出来？我是否可以把他带走？"他还向这位父亲承诺，自己会好好照顾这个孩子，先让他做自己的侍从，最终把他培养成骑士。

听说库尔威奇此行的目的是要赢得奥尔温的芳心，小屋的女主人承认说：自己为此感到悲喜交加，既打心眼里为这个人人都爱的女孩感到高兴，又为这个将要追求她的年轻人感到极度悲伤。之前也有其他人前去向奥尔温求过婚，但全都有去无回。所以，伊斯巴达登的女儿尚未婚配。巨人国王之所以不愿意把女儿嫁出去，并非只是出于对女儿的精心守护，而是女儿的出嫁直接关乎他自己的生死：只要女儿不结婚，他就会长生不老；一旦女儿出嫁，他就会死去。不过，卡斯滕宁的妻子承认，对世界来说，那并不是什么损失。她还说，只要他们答应不伤害巨人国王的女儿，她就会派人去把奥尔温叫过来，至少让这个年轻人见见她。但她恳求库尔威奇再考虑考虑，恳求他打哪儿来回哪儿去：没有哪个女孩有如此美丽，值得他拿自己的生命去冒险——要是追求奥尔温，他几乎必死无疑。不过，库尔威奇决心已定，见到奥尔温之后更是如此。

一次命运攸关的见面

虽然奥尔温的美貌名闻遐迩，但我们只能读到这样的描述：库尔威奇扑倒在她面前，哀求她嫁给他。显然，这样的描述远不足以展现奥尔温的美丽。

奥尔温拒绝了库尔威奇。她伤心地摇摇头，说自己是孝顺的女儿，并且答应过父亲，未经父亲许可决不会将自己许配给任何人。但是，她从库尔威奇身上感觉到了真正的温暖，这是显而易见的。于是，她答应将竭尽所能地帮助王子。不过，他们首先得设法进入城堡，然后将在那里与伊斯巴达登展开对峙。她坚持说库尔威奇必须答应父亲向他提出的任何要求，无论多么令人震惊的要求都必须答应。

蛮横粗暴的父亲

奥尔温命令骑士们紧紧地跟着她，他们便小心翼翼地跟在她后面默默出发了。他们绕着城堡转了一圈，依次在九道门前稍做停留。他们每次停留都悄悄杀掉了守门的卫兵，并在看门狗还没来得及发出咆哮声就迅速结果了它们的性命。城堡向他们敞开了大门，他们和奥尔温一起走了进去，来到了大吃一惊的伊斯巴达登面前。骑士们宣布说："我们之所以来到了这里，是为了替库尔威奇王子向您的女儿求亲，他是西里德国王的儿子。"

伊斯巴达登问道："我的守门人在哪里？我的仆人们在哪儿？赶紧用叉子把我的眼皮撑开，我要好好看看我的女婿。"骑士们照办了。伊斯巴达登接下来的反应非常平静，让骑士们感到很是吃惊。"现在，你们都走吧，"他说，"明天再来，你们到那个时候就可以得到我的答复了。"然而,当骑士们转身离开大厅时,伊斯巴达登从椅子旁边的地板上捡起一支毒镖,迅速将毒镖朝着他们的后背扔过去。向来反应极为迅速的贝德维尔听到了毒镖从他们身后破空而来的嘶嘶声,立即转身一把抓住了它。在其他人还没反应过来之前,贝德维尔已将这支毒镖对准伊斯巴达登扎了回去。毒镖击中了伊斯巴达登的膝盖,使他疼得直不起腰。库尔威奇他们回到了卡斯滕宁的家。

第二天,他们再次来到伊斯巴达登的城堡时,发现他仍旧是一副镇定自若的样子。然而,伊斯巴达登又一次打发他们回去等候他的答复。当他们转身离开时,他故伎重施,又向他们扔了一支飞镖。幸运的是,梅努感觉到了疾驰而来的飞镖,转身抓住了它,又将其对准伊斯巴达登扔了回去。这支飞镖直接穿透了巨人之王的胸部。

右图 库尔威奇在城堡外面直面伊斯巴登,巨人已经准备好了战斗。

尽管如此，当库尔威奇王子和骑士们第三次来见伊斯巴达登时，发现他仍旧是一副泰然自若、彬彬有礼的样子。这一次，当伊斯巴达登一把抓住他的飞镖时，客人们实际上还在跟他讲话。伊斯巴达登用尽全身力气把飞镖对准库尔威奇扎了过去，但年轻人一把抓住了飞镖，将其扔了回去。飞镖击中了巨人国王的眼睛，直接穿过了他的头颅。伊斯巴达登痛苦地翻滚着。然而，他又一次迅速地镇定下来，要求客人们次日再来见他，并向客人们保证，他们这次真的将得到他们想要的答复。

帮几个忙

次日，骑士们按时赴约。库尔威奇先是警告了伊斯巴达登不要再袭击他们，然后向他的女儿求亲。

"当然可以，"巨人说，"只是我要请你帮几个忙。"

"同意，"兴高采烈的库尔威奇回答道，"您要我帮什么忙呢？"

"好吧，"巨人国王说，"你看见那边那座大山了吗？……我要求把那座山推倒，我要求把地面上的东西焚烧成肥料，我要求一天之内把地耕好、完成播种，我要求谷物在一天之内成熟——我要用这些麦子为你和我女儿的婚礼烹制食物、酿制美酒。记住，这所有的一切都必须在一天之内完成。"

即便这样的要求让库尔威奇心里感到忐忑不安，他也肯定不会让人看出来。"这对我来说是很容易的事情，尽管你可能认为不容易。"年轻人回答说。

然而，巨人国王的话还没说完："尽管这些事情对你来说很容易，但还有你不容易办到的事。这地如此之荒凉，除了多恩的儿子阿迈桑以外，没有哪个农夫能将其开垦出来，也没有哪个农夫能耕种，但他绝不会心甘情愿地跟你来，而你不能强迫于他。"

"这对我来说也是很容易的事情，尽管你可能认为不容易。"

"虽然你能做到这件事，但还有你做不到的事，那就是让多恩的儿子戈万南到海岬去除铁。除非为合法的国王效力，否则他绝不会心甘情愿地做任何事情，而你不能强迫于他。"

> 要求接连不断地涌来，一个接一个，络绎不绝，每一个都不可或缺。

"这对我来说也是很容易的事情。"

"虽然你能做到这件事，但还有你做不到的事，那就是把格沃利德那两头黄褐色的公牛紧紧地套在一起，让它们在那边的荒地上辛勤耕耘。但格沃利德绝不会心甘情愿地把牛给你，而你不能强迫于他。"

伊斯巴达登的要求远不止这些，他不断提出更多、更难以达到的要求：先是要酿造蜂蜜酒的速成纯蜂蜜，不但要浓稠，还要比通常酿制的蜂蜜甜十倍；然后要一个特殊的酒杯，这是利维尔翁之子利维尔的财产，可以盛下无穷无尽、永不枯竭的美酒；接着要一个魔法篮子，里面总是满满地装着取之不尽、用之不竭的东西，任何人都可以在里面找到他想要的一切；再接下来，为了使他的宴会更有情调，伊斯巴达登想要属于泰尔图的魔法竖琴，它可以自己演奏出最能打动人、最能激动人心、最甜美的歌谣。这份清单上的东西越来越多。巨人国王说，库尔威奇必须把清单上的所有东西都交给他，一样都不能少，否则，"我将忘记把女儿嫁给你这码事。"不过，在所有东西中，伊斯巴达登特别希望王子能帮他抓住埃里的儿子格雷德那条名叫德鲁德温的猎犬。毫无疑问，伊斯巴达登用长篇大论把这条猎犬的情况说得十分清楚——要缚住这条非比寻常的猎犬，就得有一根特殊的牵狗绳，而这根牵狗绳必须要用臭名昭著的强盗巨人迪卢斯·瓦尔瓦克的胡须制作而成，且必须套在特殊的项圈上，而这个项圈则由百手巨人坎斯泰尔·坎洛小心翼翼地守护着。

捕获德鲁德温的过程中还会经历更多的波折，这是不可避免的。只有一个人的白魔法能够捕获德鲁德温，他就是马彭·阿普·莫德隆。然而，就像奥尔温本人一样，他也是一个人人都知道其重要性但谁也不知道其下落的人物。他刚出生三天就被某个敌人从母亲身边绑架走了，一直被关在某个地方。问题在于：谁也不知道那个敌人是谁，也没人知道他被关在哪里。一定要把德鲁德温抓到，因为它是唯一能够猎取伊斯巴达登最渴望得到的猎物大野猪特罗伊特的猎犬。这头巨大而凶猛的动物曾是一位爱尔兰国王。在他看来，自己之所以变成现在这副模样，完全是因为受到了诅咒，因此，他对自己的困境充满了愤怒。然而，他的双耳之间嵌着伊斯巴达登特别想要的东西——一套特别的梳子和剪刀。世界上只有这套梳子和剪刀足够坚固，能够梳理和修剪伊斯巴达登那浓密、已经打结的头发和胡须而不至折断。两样东西都必须直接从活生生、狂暴的野猪头上扯下来，否则就会失去所有的力量，毫无用处。

这样的要求可能已经令库尔威奇打心眼里感到绝望不已，但他并没有把自己真正的内心感受表现出来，而是始终高昂着头，一副最自信而沉着的样子。

动物顾问们

库尔威奇和他的同伴们回到凯尔利昂后，亚瑟王问他们事情办得怎么样。当亚瑟听到伊斯巴达登的要求时，他召集了手下所有的骑士、步兵和舰队：只要能够帮到这位表亲，亚瑟王将不惜任何代价、付出一切努力。不过，当务之急似乎是要找到马彭·阿普·莫德隆，因为他似乎是解决其他很多问题的关键之所在。于是，凯伊和贝德维尔立即启程去找他。但是，他们连他的一根头发丝都没找到，

右图 考利德湖的猫头鹰是世界上最聪明的生物之一，生活在斯诺多尼亚考利德湖周围的树林里。

鲑鱼与儿子

马彭·阿普·莫德隆在现代英语中翻译为"马彭，莫德隆之子"，似乎这个名字只是反映了一种古老的父权规范。但是，正如"Mabon"与现代词语"Matron"的相似之处所表明的那样，马彭似乎曾经是一位女神，比如爱尔兰的阿努女神，或者罗马高卢女神迪阿·马特罗纳（Dea Matrona）（人们认为法国的马恩河就是以她的名字命名的）。至于"Mabon"，这个词在早期威尔士语中似乎只是"儿子"的意思。

所以，马彭·阿普·莫德隆的出现把我们带回了这个故事的凯尔特根源，就像莱伊湖里的鲑鱼带领两位英雄找到了他们的目标。至于我们，就像"芬尼安传奇"中的智慧鲑鱼一样（在那个故事里，芬恩·麦克·库尔是世界上第一个品尝到智慧鲑鱼的人），这条古老的鲑鱼也把我们带回了古老的爱尔兰神话。这个故事中的其他动物也以它们各自的方式暗示了一种更深层次的象征性共鸣。不过，我们不一定能理解这样的共鸣，尽管我们很容易将雄鹿与阳刚之气、速度和力量联系起来，也很容易将雄鹰与翱翔的优雅和帝王的威严联系起来。至于乌塞尔，鸟类似乎普遍受到了凯尔特人的尊敬，因为鸟类的飞行能力使它们成为把天地连接起来的媒介。

在这个故事中，每一头动物都按等级递增的方式将英雄层层传递给它们的长辈，这样一来，马彭——人类始祖——就成为地球上最古老的生物。（当然，正如他的名字所暗示的那样，他同时也是最典型的"儿子"，他的存在本身就意味着最古老的时间顺序和永恒的生命轮回。）关于他出生后立即遭到绑架、随后被监禁、最终获得解救——象征性的重生——的叙述，同样可以令人信服地解释为代表基督教的救赎或异教的生命延续。

只好向动物们求助。他们首先走向乌塞尔（一种类似画眉的鸟），它住在离科尔文不远的锡尔格沃里。但它帮不了他们：它的年纪不够大，也没有足够的智慧。它建议凯伊和贝德维尔去找它的哥哥，即莱登弗尔的雄鹿。后者又把他们送到了考利德湖的猫头鹰那里，它的年纪更大，住在斯诺多尼亚的卡内多山脉。尽管它又老又聪明，这只鸟还是承认它没有圭纳布伊之鹰那么受人尊敬，也没有圭纳布伊之鹰那么学识渊博。尽管圭纳布伊之鹰不愿承认，但它的确不是最古老的动物，也不是最睿智的动物。于是，它把凯伊和贝德维尔带到了莱伊湖（即"领袖之湖"）的岸边。他们将在湖里找到世界上最古老的生物——鲑鱼。可以相信的是，他知道一切别人可能不知道的事情。后来的事实也证明了这一点：这条大鱼把两位骑士驮在背上顺流而下，一直把他们带到了格洛斯特。在这里，他们隐隐约约听到从城堡的地牢里传来一阵阵俘虏的哭喊声。亚瑟王带着援军从凯尔利昂赶了过来，从正面攻打城堡；鲑鱼则驮着凯伊和贝德维尔顺着河流绕到了城堡的后方。当城堡守军跟亚瑟王的军队交战时，凯伊和贝德维尔站在鲑鱼的肩膀上凿开石墙进入了城堡。他们发现马彭独自一人在牢房里哭泣。马彭终于获得了自由，欣喜若狂，但没有时间表达冗长的问候和感谢：施救者们迅速把他带了出去，以帮助他们捕获德鲁德温。

被逼入绝境的野猪

在捕获德鲁德温之前，必须要先给它套上特殊的牵狗绳和项圈，每一步都是一次疯狂的冒险。当马彭捕获了这条魔法猎犬时，亚瑟

左图 库尔威奇把他收集到的宝藏献给了大为震惊的伊斯巴达登，现在，他终于可以迎娶巨人国王的女儿了。

王和他手下的骑士们也出发了。他们穿越了英格兰、爱尔兰、苏格兰、威尔士，甚至法国，寻找最健壮的猎犬来帮助他们围捕大野猪特罗伊特。

围捕开始了。事实证明，这是一场史诗般，甚至是灾难性的围捕和反围捕。在第一天的逃跑中，特罗伊特将爱尔兰五分之一的国土变为了废墟。终于，亚瑟王的部下团团围住了大野猪。被逼入绝境的特罗伊特一次又一次低着头朝敌人猛冲过去，用凶猛的獠牙击倒了许多人，自己却毫发无损。

第三天早上，亚瑟王独自一人与特罗伊特展开了对峙。接下来，这一人一猪进行了九天九夜的殊死搏斗，他们一个用剑，一个用獠牙，或猛刺对方、或相互躲闪、或展开佯攻……最终，大野猪突破围捕，跃过大海逃到了威尔士。此后，在普雷斯利山脉的克温湖畔，他再次被团团围住。更多人丧失了性命，但大野猪身上也挂了彩。结果，特罗伊特又一次杀出了重围，并在威尔士全境进行了一系列抵抗后穿过布里斯托海峡逃到了康沃尔。在那里，马彭和德鲁德温终于追上了特罗伊特。尽管此时还不能杀死这头大野猪，亚瑟王还是成功地从大野猪头上抢走了梳子和剪刀，大野猪随即溜走并跳进了大西洋。

近身刺杀

库尔威奇和伙伴们带着来之不易的战利品回到了伊斯巴达登的城堡。现在，他们终于可以"关照"巨人国王那急需"关照"的头发和胡须了。亚瑟王手下的骑士们好不容易把伊斯巴达登的满头乱发大体上处理好了——能梳理的用梳子梳好，实在无法梳理的就用剪刀剪掉。然后，卡斯滕宁的儿子手里拿着一把闪闪发光的剃刀走上前来，说道："现在，让我来给你刮刮胡子吧！"说完，他把手里的剃刀轻轻一划，一刀割开了伊斯巴达登的喉咙——从一只耳朵到另一只耳朵，把巨人国王的胡须、脖子上的皮肤和皮肤下面的大部分肉全都切掉了。奄奄一息的巨人倒下了，他的鲜血渐渐流尽，生命也随之慢慢流逝。亚瑟王和他的部下簇拥在卡斯滕宁的儿子周围，

右图 "美丽的奥尔温"：库尔威奇简直不敢相信他所赢得的这个女人是如此美丽。

为他的行为欢呼喝彩。终于，这个年轻人有了自己的名字，因为对于他来说，结束没名没姓、躲躲藏藏的生活似乎不会有什么危险了：从那之后，他被称为戈雷（意为"最好的"）。终于，对于库尔威奇和奥尔温来说，结为夫妻似乎也没有什么危险了：于是，就在当天晚上，他们在一片欢腾中喜结连理。

王子失踪案

就像在拉坦诺遗址中发现的接片或盾牌上的那些永无休止、相互缠绕的旋涡状图案一样，我们看到，同样的主题在"马比诺吉昂"故事群中不断重复，并以一种永无休止的顺序相互呼应。尽管我们可能只有在认真思考的时候才会真正发现，戈雷的故事与马彭·阿普·莫德隆的故事何其相似。前者小时候因为害怕遭到伊斯巴达登的伤害而一直被父母藏在石头箱子里，甚至连名字都没有；而后者在婴儿时期遭到了绑架并被监禁在了某个谁也不知道的地方。二者又与另一位伟大的威尔士英雄——即德韦达王国的普雷德里王子——的命运相呼应。

"马比诺吉昂"告诉我们，一位名叫普伊尔的王子曾一度统治着威尔士中部的大部分地区。有一天，他带着猎犬外出打猎，发现一群属于另一个猎人的猎犬正在啃食一头倒在地上的雄鹿。作为王子，他认为没有理由把自己领地上的任何东西让给别人。所以，他赶走了那群猎犬，让自己的猎犬大快朵颐。但是，那群猎犬不属于任何"人"，事实上，它们的主人是阿隆，而他是异世界"安农"的领主，根本就不是凡人。根据爱尔兰的传统说法，异世界是一个奇特而神秘的空间，住着神祇、精灵、巨人和鬼怪。阿隆发现了普伊尔的所作所为，勃然大怒。普伊尔对此深表歉意，觉得别无选择，只能接受这位精灵统治者可能强加给自己的任何条件。结果，阿隆要求普伊尔和自己交换位置，期限为一年零一天。阿隆还给普伊尔下达了两项禁令：第一，普伊尔不得与阿隆的妻子同床共枕；第二，普伊尔必须杀死阿隆在异世界的死对头哈夫甘。普伊尔答应了对方的要求。于是，阿隆在人间享受了一年零一天的美好时光；普伊尔则来到了阿隆的国度，发现阿隆的宫廷闪耀着耀眼的光芒，里面到处都是黄金、珠宝和美酒，桌子上摆满了丰盛的食物和美酒，唯一遗憾的是，自己不能与阿隆美丽无比的妻子同床共枕。一切都很顺利；事实上，就在他重返人间的王国之前，普伊尔遇到并杀死了哈夫甘，把一个完整的地下王国交给了阿隆，从而帮助他赢得了异世界的霸主地位。从那以后，阿隆把普伊尔当成了朋友，并永远对他充满着感激之情。作为回报，阿隆甚至授予了他一个荣誉称号：Pwyll Pen Annwfn，意思是"普伊尔，异世界之王"。

事实上，普伊尔的妻子也来自这个精灵王国。有一天，当普伊尔外出狩猎时，美丽的里安农在一片耀眼的白光中出现在了他面前。那是在一座小山，或小土丘（即威尔士西南部彭布鲁克郡纳尔伯斯附近的戈塞德·阿尔伯思）顶上，里安农身上披着金光闪闪的斗篷，骑着浑身发光的白马。普伊尔立刻带着他的手下策马狂追，里安农的坐骑见状后马上带着主人后撤。不管普伊尔他们骑得多么卖力，都无法追上里安农，尽管里安农的马似乎只是在信步前行。普伊尔绝望地在里安农身后大声叫喊起来，她立刻停了下来。她告诉普伊尔，她想要的男人是他，而不是已经婚配的那位王子。于是，他们一起用计谋战胜了里安农身边的守护人和她父亲想要强迫她嫁给的那个男人，即古奥尔·阿普·克吕德。

他认为没有理由把自己领地上的任何东西让给别人。

他们成了婚，成为德韦达王国的王子和王妃。他们的婚姻幸福美满，但是，当里安农给普伊尔生了一个英俊健康的儿子时，他们的幸福生活就此戛然而止。就在孩子出生后的第二天晚上，小婴儿被一只魔爪掳走了，而负责照看小王子的侍女们当时恰巧睡着了。她们害怕因为这场极为重大的灾难而遭受惩罚，便决定陷害自己的女主人，把所有的责任都推给她。于是，她们杀死了一只小狗崽，然后将狗血涂满王后的脸部和双手。次日早上，她们坚称，里安农亲手杀死并吃掉了自己的儿子。这是一种任何人都难以想象的邪恶行径。因此，这位曾经深受爱戴的德韦达王妃现在成了被抛弃的人，

下图 据说，这个土丘就是里安农第一次出现在普雷德里面前的地方，这里现在是彭布鲁克郡的纳贝思城堡。

第四章
马比诺吉昂

193

右图 里安农出现在一座长满青草的土丘上,骑着发光的白马,令每个人都肃然起敬。

一个被憎恨、鄙视的人。可怜的里安农不得不为自己的"罪行"进行忏悔,她终日坐在城堡外,把自己的"罪行"告诉每一个从这里经过的人。

小马驹失踪案

与此同时,在威尔士东南端的格温特,当地的领主泰尔农·特劳夫·利安特也遇到了一件糟心事:他最宠爱的母马在每年五月一日的贝尔塔纳节都会产下小马驹,但每匹小马驹都是一出生就消失不见了。又到了五月一日,又到了母马的预产期,泰尔农·特劳夫·利安特下定决心这次一定要将这桩怪事查个水落石出。

所以，当母马生产时，他一直守在马厩外。突然，一条古怪、长有爪子的胳膊穿过墙壁伸进了马厩。说时迟那时快，泰尔农·特劳夫·利安特在魔爪还没来得及抓住新生小马驹之前挥剑砍断了这条胳膊。这时，从外面传来一阵号哭声，泰尔农·特劳夫·利安特连忙冲了出去，在马厩的门槛上发现了一个包袱，他还以为那是怪物的尸体，哭声就是从这个包裹里传出来的。他打开包袱，发现里面是一个裹着锦缎的婴儿。泰尔农·特劳夫·利安特叫人把孩子抱进马厩，然后把他抱回了家；他和妻子决定把婴儿当作自己的孩子养大成人。小家伙一到能说话走路的年龄就表现出了对马的深厚感情，而且越长越像德韦达的普伊尔王子。听说普伊尔和里安农的孩子被偷走了，泰尔农·特劳夫·利安特极不情愿地意识到，他和妻子将不得不放弃他们的"儿子"；显然，德韦达的统治者拥有对孩子的优先权。于是，他们只得忍痛割爱，把孩子还给了他的亲生父母。喜出望外的普伊尔和里安农给（已经长大的）儿子取名为普雷德里。

左图 一只魔爪穿过宫殿的墙壁伸了进来，从婴儿床上掳走了出生不久的普雷德里王子。

德韦达的骄傲

　　作为普伊尔的继承人，普雷德里将成为威尔士最伟大的神话英雄。他娶了一个小领主的女儿席格法，但很快就离开了她，跟随国王布兰迪根（意为"蒙福的乌鸦之王"）前去攻打爱尔兰。爱尔兰国王马索卢赫娶了布兰迪根的女儿布兰温，却百般凌辱自己的新婚妻子。这样的暴行不但激怒了布兰迪根，也激怒了许多其他的英国领主，他们纷纷加入了布兰迪根的大军。然而，马索卢赫用布兰迪根之前送给他的复生大锅大败了布兰迪根。结果，除了七名幸存者之外，其他跟随布兰迪根攻打爱尔兰的人全都战死沙场。眼见因自己而起的这场战争给交战双方造成了如此巨大的伤亡，布兰温肝肠寸断，心碎而亡。不过，普雷德里不但幸存了下来，还把另一个幸存者带回了威尔士，他就是擅长魔法和幻术的马纳威丹——普雷德里认为马纳威丹很适合做寡母的丈夫。布兰迪根本人也以他自己的方式"活了"下来：他虽然身受重伤，但嘱咐普雷德里和马纳威丹将自己的头颅砍下来，带回家乡威尔士。这颗头颅不但活了下来，还能说话，并继续在哈莱克宫廷的布兰迪根王位上统治着威尔士西北部的格温内斯王国长达七年之久。

右图　眼见因自己而起的这场战争给交战双方造成了如此巨大的伤亡，布兰温肝肠寸断，心碎而亡。她死后被葬在了安格尔西岛上的兰德尔桑特。

右下图　"蒙福的乌鸦之王"布兰迪根位于闻名遐迩的哈莱克城堡外面的雕像。

马的强大力量

对凯尔特人和我们来说，马既是速度、力量和美丽的有力象征，也代表着财富。赛马被视为"国王的运动"，仍然在某种程度上与相对富裕的人有关，但马已经不再具有其在古时候所具有的货币功能。因此，在凯尔特高卢，马女神埃波纳的重要性不仅在于形体上的优雅和勇武，更与繁荣兴旺有所关联。这种关联也与其他的古代文化展开了"对话"：虽然古罗马人不排斥把异教崇拜融入他们自己的宗教体系，但在通常情况下，把神性归于动物形象还是会令他们感到不适，但他们对埃波纳的态度多多少少有些例外。他们虽然赋予了女神人类女性的形式，但总是让她和马一起出现，这足以说明：对于埃波纳的强大力量来说，马是不可或缺的基础。由此看来，出现在古罗马硬币和花瓶上的埃波纳与第一次出现在普伊尔面前、骑着闪闪发光的白马的里安农很像。而且，里安农的儿子也对马有着极为深厚的感情。

右图 埃波纳通常被塑造为这样的形象：侧身坐在母马的鞍座上。

右图 普雷德里和马纳威丹带着他们的猎犬出去打猎,在一座大城堡旁围住了一头通体雪白的大野猪。

马纳威丹和里安农正式结为了夫妻。正如普雷德里所希望的那样,马纳威丹和里安农很般配,他们的婚姻很成功。然而,灾难降临了。有一天,马纳威丹偕新婚妻子和继子及其妻子一起外出散步。路上,他们发现自己正经过戈塞德·阿尔伯思——普伊尔当初就是在这个土丘上第一次见到了里安农。

此情此景让他们想起了旧日的美好时光,于是,他们登上了土丘。然而,当他们突然从土丘上往下看时,土丘下的德韦达王国被施了一道魔法,瞬间变成了一片废墟。他们这才意识到,自己的所作所为是多么鲁莽!

原来,就像回到爱尔兰后双脚踏上故乡土地的奥伊辛一样,他们也在不知不觉中违背了咒语,当初里安农就是依靠这个咒语从异世界"穿越"到人世间的。他们是安全的,但居住在一片虚无一物的荒野里,成了几乎不复存在的威尔士的主人。

不过,尽管极为单调沉闷,生活还是得继续下去,四人尽其所能地坚持着。有一天早上,两个男人出去打猎了。他们看见了一头通体雪白的大野猪,就追了上去,然后看见野猪走进了一座巨大城堡的废墟,二人愣住了,一时间不知道接下来应该怎么办。马纳威丹觉得此地很是可疑,警告他的继子,叫他一步也不要再往前迈进。但是,这位固执任性的英雄完全不听继父的劝告,跟着猎物走进了城堡。在城堡里面的一间空荡荡的大厅里,普雷德里看到一个金光

左图 普雷德里最终被巫师战士格温迪昂所败,后者使用的武器是一把被施了魔法的斧头。

闪闪的金碗。他全然不顾马纳威丹从城堡外面发出的可怕的哭喊声，把手伸进金碗摸了摸，立刻中了魔咒，被定在了原地。不久之后，里安农也来了，寻找自己的丈夫和儿子。她斥责丈夫抛弃了儿子：她不顾马纳威丹的警告，也进入了城堡。她也把手伸进了金碗，这回轮到她被定住了，既无法开口说话，也动弹不了。城堡——连同里面的母子俩——消失在了一片迷雾之中。

只留下马纳威丹无助地站在城堡外面，目瞪口呆、难以置信地看着眼前发生的一切。但是，马纳威丹本人也是法力强大的魔法师，所以，他很快就明白了咒语的源头，这个咒语首先夺走了威尔士的人民，现在又夺走了威尔士的王子和他的母亲。原来，这一切都是邪恶的巫师劳埃德·阿普·西尔·科伊德干的，他是王后以前的追求者古奥尔·阿普·克吕德的密友。他将王后和王子囚禁了起来，甚至把他们当作奴隶使唤：让里安农代替马为他拉车，让普雷德里扛着巨大的横梁，以使城堡的大门紧闭。与此同时，劳埃德继续摧毁威尔士的土地：没有了普雷德里，也没有了猎犬，马纳威丹再也无法打猎，他和席格法只好靠农耕为生，然而，每当他们开始耕种的时候，他们田地里的庄稼都会被巫师派来的老鼠洗劫一空。

右图 据说，格温内斯迈恩图罗格的这块石头是普雷德里埋葬之地的标记——巫师格温迪昂在这附近杀死普雷德里之后，有人将这块石头放置在了此处。

俄狄浦斯情结

在现代读者看来，普雷德里竟然在处理他母亲的婚姻中扮演了积极的角色，似乎很奇怪——这是原本已经令人不安的俄狄浦斯神话的一个更加令人不安的转折。普雷德里和里安农在被定住前都把手伸进了一只像子宫的金碗，或许表明，他们所代表的那种亲密关系应该被禁止。然而，由于母子俩最终都通过马纳威丹这一更加年长的父亲角色的力量得到了救赎，某些近似于正常的父权作用得以恢复。

马纳威丹快要被逼疯了，来回追着这些令人恐惧的小东西，但始终一只也没有抓到，直到有一天，他看到了一只比其他老鼠更大、更笨重的老鼠。马纳威丹抓住这只老鼠的尾巴，发现她居然是劳埃德的妻子。事实上，她之所以行动迟缓，是因为她快要生孩子了。马纳维丹把她扣为人质，直到劳埃德释放了普雷德里和里安农，恢复了威尔士原本的富饶和人口数量，并承诺永久休战，他才同意归还对手的妻子。格温纳比恢复了人形，变回了一个美丽的女人。

塔利埃辛的故事

塔利埃辛是威尔士传统中最著名的人物之一，也是那场因布兰温而起、在布兰迪根率领的威尔士军队与马索卢赫率领的爱尔兰军队之间展开的灾难性大战中另一位著名的幸存者，后来成了威尔士最著名的吟游诗人。可以说，塔利埃辛在威尔士传统中所占据的地位，相当于芬恩·麦克·库尔和他的儿子奥伊辛在爱尔兰神话中所占据的地位。因为，除了这次战争客串之外，塔利埃辛的声誉主要基于《塔利埃辛之书》。这是一本十一世纪的诗集，收集了许多古老的诗歌，其作者可能是也可能不是同一个人，可能是也可能不是塔利埃辛。这些诗歌种类繁多，且令人印象深刻。有一些诗歌是非常怪异的叙述，如闻名遐迩的《安农的战利品》和卓越非凡的《森林之战》，前者讲述了亚瑟王穿越异世界的经历；后者则记述了魔法师格温迪昂·法布·多恩如何通过把森林里所有的树木变成士兵来调动整个森林的故事，还有情诗、挽歌、人生沉思录，甚至赞美诗。

这些诗歌的多样性令人印象深刻。

他长得奇丑无比，是世界上最丑陋的生物。

下图　塞雷迪吉翁郡博斯的一副马赛克画作，以纪念因在神话时代被大海淹没而消失的坎特雷尔瓜伊洛德王国。

然而，这样的证据——顺便说一句，真的可以找到这样的证据，无论他的故事在几个世纪的复述中增加了多少——可以证明塔利埃辛的确存在过，但同时也表明他根本不是威尔士人。相反，他似乎是在现在所认为的英格兰北部出生和长大的。然而，就像整个不列颠凯尔特遗产一样，关于他的记忆在盎格鲁-撒克逊王国被逐渐抹去了：只有在得到默认的情况下才得以在威尔士存续至今。不过，不管怎样，塔利埃辛在威尔士的影响力是强大而深远的。塔利埃辛的传奇故事和芬恩的传说极为相似，这不仅仅是因为他们都具有强大的军事能力，更是因为他们都是通过奇怪的魔法力量才获得了所有的知识。在"芬尼安传奇"中，少年芬恩在吸吮被溅起的鲑鱼肉烫伤的拇指时不经意间获得了智慧鲑鱼的全部知识。《塔利埃辛之书》记载了一个类似的威尔士传奇故事：邪恶女巫赛瑞德温有一口魔法大锅。无论是谁，只要吃到了用这口大锅烹制的东西，就能获得知识和灵感。赛瑞德温有一个儿子，名叫阿瓦格迪，长得奇丑无比，是世界上最丑陋的生物。但是，他妈妈认为，如果他不能拥有外貌，至少可以拥有弥补缺陷的大脑。于是，赛瑞德温决定躲在

202　　　　　　　　　　　　　　　　　　　　　　　　　　　　　凯尔特神话图鉴

左图 对于威尔士的塔利埃辛和爱尔兰的芬恩·麦克·库尔来说，一次小小的烹饪事故意味着一个智慧的世界。

山洞里用这口魔法大锅为儿子烹煮一种特别的汤药——阿瓦格迪喝了这种汤药就能获得世界上所有的智慧。然而，这锅汤药需要烹煮很长时间。一年过去了，赛瑞德温累了。据说，就在这个时候，一个名叫圭昂的十三岁少年恰巧路过赛瑞德温烹煮汤药的洞口，后者便请小男孩儿替她搅拌一会儿。就像芬恩替主人烤制智慧鲑鱼时所发生的一切一样，三滴滚烫的汤药溅到了圭昂的手上，他不由自主地舔了舔手指上被烫到的地方。就这样，圭昂无意间获得了赛瑞德温原本给儿子准备的所有智慧。

第四章
马比诺吉昂

女巫立刻意识到了所发生的一切，明白自己白白为儿子付出了长达数月的辛苦烦劳，不禁勃然大怒，向圭昂扑了过去。少年拔腿就逃，为了逃得更快，他把自己变成了野兔。当女巫变成猎犬去追赶他时，圭昂跳进河里，变成了鱼，却听到变成水獭的塞瑞德温在他身后紧追不舍。圭昂跳出水面，变成了鸟，却发现猎鹰向他俯冲下来，想把他从天上摔下去。圭昂及时把自己变成了一粒小小的种子。然而，如果圭昂以为这样女巫就再也认不出自己，那他就大错特错了：此时，赛瑞德温变成了鸡，啄起这粒"种子"，一口将其吞进了肚子里。

塞瑞德温继续过着她的生活。几个星期后，她意识到自己竟然

下图 塔利埃辛纪念碑俯瞰着威尔士西北部的盖里奥尼德湖。据说，这位吟游诗人就住在湖畔。

莫名其妙地怀孕了。作为女巫，她立刻明白发生了什么事：她肚子里的孩子只可能是那个吃了自己给儿子烹煮的汤药并因此拥有了世界上所有知识的男孩。她下定决心，等这个孩子一出生就杀了他，现在，这个家伙再也逃不掉了。

然而，当孩子出生的时候，塞瑞德温被一种超乎寻常的本能控制了：她不忍心真的把这个小东西弄死。相反，她把小家伙绑了起来，放进麻袋里，然后将麻袋扔进了大海。"麻袋"被湍急的水流带到了很远很远的地方，几天后被德韦达王国年轻的艾尔芬王子发现了。王子把麻袋里面的孩子称为"塔利埃辛"（意为"闪闪发光的额头"），把他当作养子抚养长大，就像凯尔特神话中其他许多生不逢时的孩子一样。至于这个故事的其余部分，就都成了历史，或者说，事实并非如此：就像众多的凯尔特神话故事一样，从某种程度而言，塔利埃辛的故事的确也有某些真实的成分。

一位具有象征意义的救赎者

在以自己的名字命名的书中，塔利埃辛对自己的出身所进行的描述巧妙地暗示了以下这点：他的故事与马彭及其他弃儿英雄的故事之间有许多相似之处。他在诗歌里写道：

（我）在赛瑞德温之家净化、成形。
看起来渺小而无足轻重的我，
在她那巨大的庇护所里成长为伟大的人。

在那座监狱里，
我获得了知识和灵感，
通过无言的教训学会了生活的法则。

他被囚禁在女巫的子宫里，这让人想起马彭被囚禁在深深的地牢里的情景。在囚禁中，他获得了人类在这个世界上生存所必需的经验和洞察力。因此，他不仅成了诗人，更成了救赎者——这种地位既可以用基督教术语，也可以用异教术语来想象。就像以前的马彭一样，塔利埃辛也象征性地重生了，虽然他不是通过出生而得以重生的。女巫在他出生后把他绑了起来，放进麻袋里，然后将麻袋扔进了大海。麻袋在海上漂流数日之后被艾尔芬发现了。艾尔芬把他从麻袋中解救了出来，并给他重新取名为"塔利埃辛"。他才得以重生，并做好了成为吟游诗人的准备。当然，这个将"民族智慧"严严实实地捆绑在里面的麻袋也让人想起了爱尔兰"芬尼安传奇"中那个用鹤皮制作的"魔法宝袋"。

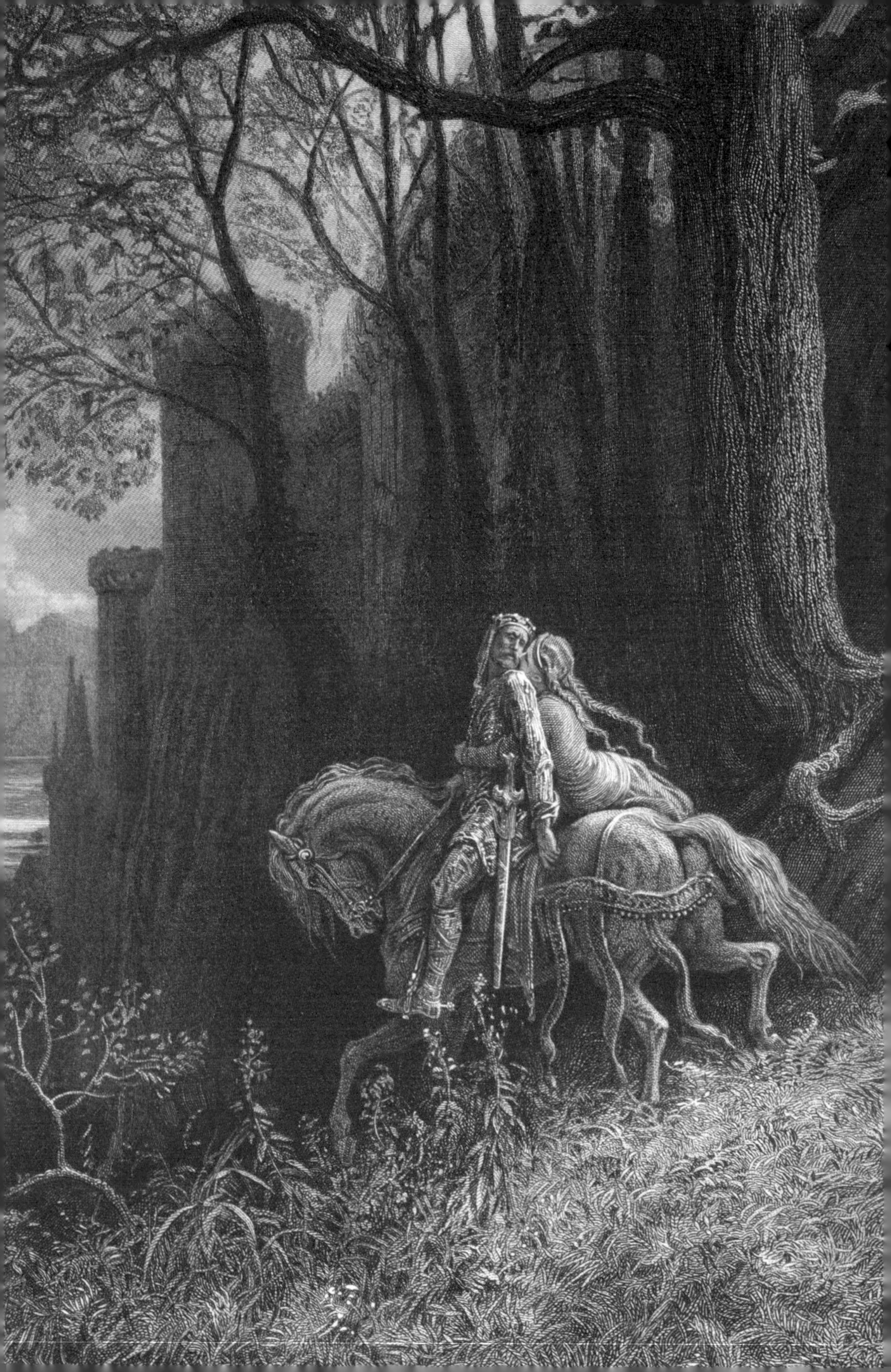

第五章

"到荒野去"

凯尔特神话日益远离其古老的起源，朝两极分化，一极是"高雅"的宫廷文学，另一极是"低俗"的民间传说。

十九世纪七八十年代，阿尔弗雷德·丁尼生勋爵出版了《国王的田园诗》，将凯尔特神话带给了有史以来最广泛的读者群。受《马比诺吉昂》启发，《国王的田园诗》以现代叙事形式重构了亚瑟王的传奇故事，再现了中世纪甚至更古老时代所谓的朴素、庄重、真挚情感和社会的稳定。但是，如果说丁尼生对待凯尔特神话世界的态度是保守的，那就说明诗人已经充分感受到了怀旧的局限性，即时代变迁必然造成的困境。直接取材于"马比诺吉昂"的《杰兰特和伊妮德》可以说是亚瑟王式理想的墓志铭。

卸甲骑士

杰兰特是亚瑟王手下最英勇的骑士之一，以武艺高强和骁勇善战而闻名遐迩。在一次冒险探索中，杰兰特遇到了伊妮德。伊妮德的家人不但为杰兰特提供了必需的食物和住处，还给了他一副全新的盔甲。毫无疑问，拥有伊妮德的杰兰特是幸福的，因为伊妮德不仅貌若天仙，而且贤良淑德，世界上没有哪位妻子比她更爱自己的丈夫。尽管伊妮德忠贞不渝地爱着杰兰特，杰兰特的战友们却觉得他变了：杰兰特一心只想在家里与伊妮德厮混，完全忘记了他作为骑士应该担负的职责。于是，杰兰特成了众矢之的，先是遭到大家的指责，后来更是遭受着众人的蔑视。有人说，正所谓温柔乡即英

左图 杰兰特与昔日的爱妻伊妮德骑马踏入荒野。

右图 "家庭幸福"是否意味着男子汉气概的堕落呢？杰兰特的故事充分诠释了这种担忧。

雄豕，杰兰特放弃了男子气概，变得软弱了。如此这般的窃窃私语甚嚣尘上，终于传到了伊妮德的耳中。一天晚上，心烦意乱的伊妮德以为自己是独自待在房间里，痛苦地哀叹自己损害了丈夫的名誉。正在门外的杰兰特听到了伊妮德的哀叹，误以为那是妻子承认了对自己的不忠，立即勃然大怒，既生自己的气，也生妻子的气。因此，杰兰特下定决心，要骑马闯天下，做出一番英雄创举重新取得一度失去的敬重，重新赢回来之不易的骑士声誉。然后，杰兰特命妻子伊妮德同行。尽管伊妮德觉得很丢脸，但不得不走在丈夫前面，并与之拉开一小段距离，且不得跟他说话，直到彻底弥补了其所谓的"罪行"为止。

他们骑马向前，但走了不到三步，杰兰特便大喊："我虽不够阳刚，但不会用镀金的武器去战斗。"

然后解开腰间鼓鼓的钱包，朝乡绅扔去。

所以，伊妮德眼中最后一幕便是家门口大理石门槛处闪闪发光的金子和零散的硬币，以及揉搓着肩膀的乡绅。

然后，杰兰特又大喊一声：

"到荒野去！"

维多利亚时代的读者绝不会对这个故事的寓意产生太大怀疑：杰兰特是被女性力量和家庭限制所"阉割"的男人。在维多利亚时代，资产阶级家庭可能被视为最理想的家庭模式，忠诚而贤淑的妻子被誉为"家中的天使"。即便如此，依然有一个悖论：在夏日的午后与家人漫步于阳光弥漫的公园时，或在冬日的傍晚与家人围坐在温暖的炉旁时，或整日坐在办公室里筹措资金时，作为一家之主的"他"该如何展示自己的男子汉气概呢？杰兰特下定决心要放弃"黄金""钱袋"和极其富裕、舒适的家，到外面的世界去闯天下，

左图 在"马比诺吉昂"中，伊妮德骑行在怒气冲冲的丈夫前面。尽管如此，现代艺术家却想当然地认为伊妮德是没精打采地跟在丈夫的后面。

并成为"铁打的"男子汉。这可以被解读为一种反叛,对维多利亚时代家庭生活的反叛,对女性统治的资产阶级日常生活的反叛(至少表面上如此)。

反叛的浪漫爱情

但是,对杰兰特的话也可以进行其他解读。例如,反映了丁尼生作为空前受欢迎的桂冠诗人、美国当权派的宠儿,以及该国安逸、循规蹈矩的中产阶级中的一员,内心真实的(但很少被承认的)个人不安;或者,甚至也可以将其解读为对亚瑟王传奇和未知危险的文学性拒斥。诚然,前拉斐尔派画家和诗人(尤其是威廉·莫里斯)以及丁尼生本人的一些早期作品都将亚瑟王传奇及其意象视作一片沃土,可在其中肆意探索各种大胆的思想和越轨情感(包括社会组织和性欲在内)。仅举一例,兰斯洛特和亚瑟王的妻子桂妮维亚的通奸正是对十九世纪家庭价值观的侮辱,就像对中世纪罗马封建法典的侮辱一样。

右图 兰斯洛特和亚瑟王的桂妮维亚的浪漫爱情虽然很美好,却被严格禁止。无论是在十九世纪还是在十二世纪,这样的爱情都同样惊世骇俗。

左图　丁尼生的《国王的田园诗》将中世纪的神话变成了对现代问题的深刻思考。

凯尔特神话在现代社会的影响，犹如它在最遥远的过去所做的一样：那就是追踪和探测社会最深层的禁忌。

近来，这种实验性尝试已让位于更直截了当、不加批判的保守怀旧；在丁尼生所著《国王的田园诗》中某些地方尤其如此。在这方面，也许亚瑟王的故事已经走出了自己的道路，与周围的社会价值观达成了和解。尽管从那时起它一直保持着一定的知名度，但主要是通过进入幻想的"荒野"或者通过 T.h. 怀特那样的滑稽模仿来实现的，托尔金创作的衍生"神话"作品更是如此。

夜牧人

布古尔·诺兹或"夜牧人"从不在白昼露面，只在夜间的布列塔尼林中漫步，并照看野生动物（由此获得了夜牧人的头衔）。如果说有任何证据可以证明夜牧人的存在，那就是他偶尔发出巨大而可怕的尖叫声。尽管这些尖叫声很可怕，但其意图是仁慈的。由于布古尔·诺兹丑得太令人害怕，其丑陋程度实在令人难以置信（也很可能令人难以忍受），其可怕程度也超乎想象，任何人碰上他都很可能会因为惊吓过度而倒地身亡。所以，只有在万圣节前夕，当布雷顿的村民们伪装成各种丑恶、奇怪的样子出来时，布古尔·诺兹才敢走出其森林深处的藏身之所。

秘密联邦

1691年,苏格兰牧师罗伯特·柯克写道:"每个时代都有一些不为人知的秘密。"在他那个时代(我们应该记得,那是"苏格兰启蒙运动"的顶峰时期),不为人知的秘密就是"地下世界那些精灵、羊怪和仙女(其中大部分都不为凡人所见)的本性和行为。"罗伯特·柯克的著作《秘密联邦》对此展开了细致认真的研究,却被世人认为是荒诞的无稽之谈。但有趣的是,盎格鲁-爱尔兰哲学家、化学家兼物理学家罗伯特·波义耳(右图)却对此表示了支持。这无疑是对罗伯特·柯克研究方法的盛赞,因为罗伯特·波义耳不仅提出了气体的体积与压力之间反相关的著名论断(波义耳定律,即定量定温下,理想气体的体积与气体的压强成反比),而且将严谨的实验方法引入了现代科学。

对于精灵的存在,苏格兰普通民众,尤其是苏格兰农民,似乎确信不疑;有关精灵的故事也总是层出不穷。十七世纪,年仅十岁的"利思的精灵男孩"告诉官员说,他每周四晚上都会穿过重重大门(当然,别人都看不到这些门),深入爱丁堡卡尔顿山腹地,为跳舞狂欢的精灵仙子们击鼓助兴。大约同一时期,"博格的男孩"约翰尼·威廉姆森也声称,他曾多次下到邓弗里斯和加洛韦村外的一处土堆深处,与那里的精灵们待在一起,有时甚至会在那里一连待上好几天。

实际上,苏格兰农民即便并非真正相信"秘密联邦"的存在,但似乎也喜欢谨慎行事。例如,十九世纪初,在西洛锡安温奇堡,农民亚历山大·辛普森总是在每块地里留出一个小角落,将其作为魔鬼的领地或"吉德曼的农场"。几十年后,正是这位农民的孙子詹姆斯·杨·辛普森开创了氯仿麻醉应用的先河。

从信仰到民间传说

近代以来,凯尔特传说主要流传于"野史"之中,这并不奇怪。正如我们所知,凯尔特文化早在古罗马时期就已被边缘化,之所以能保存下来,主要是因为其载体,即"民间传说"。但对这种以口头形式代代相传而保存下来的信仰,很多人已是半信半疑,因为如今很少有人会将爱尔兰仙女或苏格兰精灵当作都柏林、第四大桥、汽车和北约那般真实、客观的存在,甚至不如其对待宗教的态度。

直到如今,民间传说依然以想象的形式产生影响。

但他们能相信一半也就够了，因为这足以表明，直到如今，作为欧洲"凯尔特边缘文化"的民间传说依然对现代意识产生深远的影响，至少以一种想象的形式。虽说这种影响可能很"微妙"，但却是实实在在的。

恐怖故事

大部分凯尔特神话都给世人留下了许许多多的故事和无尽的想象。神话中的怪物、巨人、仙子、魔法师和战斗英雄始终萦绕于现代意识之中，神话中的故事甚至流传到了凯尔特人从未涉足之处。罗伯特·彭斯改编的苏格兰经典民歌《汤姆·奥桑特》（1791）鲜活生动，魅力四射，其故事和歌唱流传至今。

在许多苏格兰故事中，雄性海豹精会引诱脆弱的女性（她们的丈夫往往在海上失踪了）；但在另一些故事中，会有一些凡人偷走雌性海豹精的皮肤衣，迫使她们留在岸上做他们的妻子。这类传说

下图　在罗伯特·彭斯的《汤姆·奥桑特》中，民间故事中的精灵仙子不再是令人毛骨悚然的形象，反倒喜欢打打闹闹，且稍微有伤风化。

左图 一名行人被一只恐怖的马形水怪吓得大声尖叫：凯尔特民间传说成了民间诙谐文化的一部分。

右图 在布列塔尼的一处悬崖上，一群科里根正在捉弄行人，这很可能是一场致命的恶作剧。

马形水怪将粗心大意的行人拖入深渊。

强调了海岸的阈限特征，也打破了海里和岸上之间的阈限。更直白地说，马形水怪是一种外形似马的精灵，通常潜伏在苏格兰的湖泊和池塘里；他们的身体可以幻化成人形，但马蹄却无法变幻。马形水怪会把粗心大意的行人拖入深渊，然后将其吃个精光。

威尔士和布列塔尼神话中的摩根一族犹如古希腊神话中的塞壬女妖：她们美丽妖娆，却带着致命的诱惑，能将过往船员诱向死亡的深渊。布列塔尼神话中的摩根在很大程度上就是凯尔特神话中的精灵科里根，其行为可能介于无伤大雅的恶作剧和彻头彻尾的恶行之间，且往往与水有关，她们可能于夜间出现在泉边或溪流边。在1839年收集（但其起源肯定比这早得多）的布列塔尼歌曲《阿兰

努贝鲁

突如其来的飓风从西北方呼啸而来，袭击了坎塔布里亚海岸和阿斯图里亚斯-加利西亚沿岸，迫使西班牙渔船匆匆寻找避风的港湾。这种情况已经持续了几千年，凯尔特德伊鲁将其解释为努贝鲁的震怒。努贝鲁一直是伊比利亚半岛的塔拉尼斯，即高卢人的风暴之神，但现在已被降格为半喜剧性的凡人：一个留着大胡子，从头到脚裹着山羊皮的老头。

尽管努贝鲁会毫无征兆地发怒，但他本性善良：经常坐在云端，为人间送去甘霖。据说，他初到西班牙时，从云端摔到了地上，幸得一位阿斯图里亚斯农民相救。此后，他便出力给当地庄稼施雨。但他脾气暴躁，动辄发怒。每当他发怒时，电闪雷鸣，暴雨和山洪转瞬即至，因此，西班牙西北部的天气总是异常可怕。

一位苛刻的母亲

一首爱尔兰民歌唱通,可怜的老妇人有"四块漂亮的绿地",指爱尔兰岛上的四个省,但"厨房里进了陌生人",指英格兰入侵者。那个老妇人曾有多个化身:1798年,她是"Sean-Bhean Bhocht"(意为"可怜的老妇人"),领导爱尔兰人联合会奋起反抗,但因法国人承诺的援助未能兑现而深陷困境;后来,她化名"胡里汉之女凯瑟琳",重新出现在民族主义危机重重的爱尔兰。她已不再年轻,不再美丽,是个风烛残年的老太婆:身体虚弱,贫苦交加,无儿无女,凄苦无助。她是爱尔兰民族的象征,必须努力奋斗来挽回失去的一切。这是一个相对现代的——坦率地说,带有浓重的宣传色彩的——人物形象,但其原型可以追溯到更古老的年代。就像摩莉甘一样,她也是母亲形象,但却是一个不近人情、残酷苛求的母亲形象,无论其最终目标多么崇高,也不应该残酷地要自己的孩子们流血牺牲。

努》中,一个德鲁伊唱道:"在满月的银辉里,九个科里根,头戴鲜花,身穿白色亚麻长袍,围着清泉跳舞。"另一个故事更恐怖:科里根生活在水下,时常漂浮在靠近海岸的水面上;水面星光熠熠,科里根们漫不经心地轻甩着金色的秀发,赤裸的胴体在星光下焕发着诱人的光泽。从岸上经过的凡人经受不住欲望的蛊惑,情不自禁地伸出双手,想去触摸那诱人的胴体,却无一例外地跌入水中,并被拖到水底,很快就一命呜呼了。就这样,一个又一个过路人成了科里根的受害者。这是"异世界"的胜利,但就其本质而言,这样的胜利是邪恶的,自始至终都是。

在康沃尔传统中,对应着科里根(Korrigan)的词语是科里克(Korrik),通常用来指"地精"(Gnome),这是康沃尔传统中几种常见的精灵之一。尽管人们尚未就此达成共识,但普遍认为,布卡似乎就住在夜间的康沃尔,敲门人也定居于地下世界。当然,每天都有许多康沃尔人到地下世界去挖矿。敲门人总是喜欢捉弄这些矿工,毁掉他们的劳动成果,或者偷走他们的食物和水,但也仅此而已,倒没有更大的恶意。的确,他们之所以被称作敲门人,正是因为敲击墙壁时发出的"梆梆"声和屋顶倾塌前木屋柱子发出的"嘎吱"声。最终,敲门人成了救命人。相较于康沃尔的这些精怪,爱

凯尔特神话图鉴

尔兰小矮妖显然更像布列塔尼的水妖。然而，由于小矮妖总是给人一种矫揉造作和多愁善感的假象，再加上英裔美国人的种族偏见，要对小矮妖做出令人满意的界定绝非易事。自十九世纪以来，媒体刻画的小矮妖往往与爱尔兰移民的形象有着惊人的相似之处，例如，他们都是不怀好意的流氓、凶残好斗的暴徒或咋咋呼呼的小丑。之后，由于某些文化和政治因素的影响，原本严肃的（有时甚至是邪恶的）各类精灵变成了英国流行文化中嬉笑打闹的迷人仙子。詹姆斯·马修·巴里出版的《彼得·潘》(1904) 中的奇妙仙子与古凯尔特传说中的精灵似乎相去甚远。但是，由于其作者是苏格兰人，这部作品似乎依然有着重大的意义和深远的影响。与之相比，人们普遍认为莎士比亚的《仲夏夜之梦》(1595) 借鉴了半遗失的（基本上是凯尔特人的）英国民间传统。莎士比亚的地位确实举足轻重：像穆斯塔德塞德、莫思和皮斯布洛索姆这样的仙女虽然单纯、可爱、与世无争，但帕克（或"罗宾·古德费罗"）则是个矛盾体，处处透着机智，但显然带有黑暗、虐待狂的特质。*

左图 莎士比亚戏剧中的淘气精灵帕克既令心醉神迷又让人心惊胆战，清晰地展现了现代人在对待精灵的态度方面所经历的种种变化。

* 出自威廉·巴特勒·叶芝（W. B. Yeats, 1865—1939）的剧作《胡里汉之女凯瑟琳》(*Cathleen Ni Houlihan*, 1902)，用本土化的女性人物形象喻指爱尔兰，以此塑造爱尔兰民族身份。——译者注

洗衣女

根据布列塔尼的传说，在月光下的河边，可见布列塔尼的坎纳雷斯德·诺兹（意为"夜间的洗衣女"）三人一组，为将死之人清洗裹尸布。路过的凡人可能会被要求伸出援助之手。他们本应小心谨慎、不予理会，但倘若被顺从的本能占了上风，那便会大祸临头。

然后，众位洗衣女突然发难，合力将粗心大意的受害者裹到他正协力清洗的裹尸布之中。然后，不用说，她们就消失不见了。在苏格兰和爱尔兰的传说中，也能找到类似的精怪，例如，三位一体的摩莉甘。其实，如果我们相信这些神话，就会发现，夜晚的布列塔尼到处活跃着各种精灵鬼怪，例如，迷路的小孩和斯克里耶斯·诺兹（意为"尖声哀号的鬼怪"）。就像爱尔兰女妖一样，斯克里耶斯·诺兹痛苦地尖叫着，预示着某个重要人物即将离世：这两种精怪都与幽灵般的白色仓鸮或"尖叫的"猫头鹰有关。

上图 或许洗衣女发出了奇怪的尖叫声，但布列塔尼的坎纳雷斯德·诺兹依然能不费吹灰之力地将受害人引诱到水底。

夜晚的布列塔尼到处活跃着各种各样的精灵鬼怪。

消失之地，沉没之城

1777年，多莉·彭特雷去世，葬于保罗市老鼠洞渔港后面高高的山坡上，其墓碑上写道：她是最后几个会讲古凯尔特语的人之一。那是发生在将近二百五十年前的事情。但即便到了现在，康沃尔也不仅仅是一个郡，而是像欧洲的"凯尔特边缘"地区一样，尽力在文化和经济上维持着凯尔特传统。在与之隔海相望的法国曼恩－卢瓦尔河大区的拉科努瓦耶，流传着相似的故事；但在这里，古凯尔特人所遗留下来的，是他们与生俱来的傲慢，而不是政治方面的现实问题。

但后来的凯尔特神话总是包含着"致命的陨落"，以此暗示悲伤、失落和忧郁之感。消失之城伊斯的故事就是典型例子。有人说，时至今日，伊斯城依然屹立在布列塔尼的拜德杜瓦内斯的水面之下。在一些故事版本中，伊斯城位于海面之下，由科努瓦耶国王格拉隆所建，用高高的土墙和一扇允许船只进出的大门将海浪隔绝在外。

不可靠的向导

每当夜深人静，在布列塔尼最西边的非尼斯特森林里，就会游荡着"持火烛的约翰尼"，有点像其他欧洲文化中的鬼火。他的右手握着几根点燃的蜡烛，摇曳的烛光会让粗心的行人迷失方向。尽管身为恶魔，尽管凯尔特精灵鬼怪并不都是讲道德的，但他还是乐于帮助行人摆脱困境，并为他们照亮前行的道路。

在另一些故事版本中，伊斯城原本建在海边，后来才被海水淹没的。不管怎样，这是一个典型的凯尔特神话故事，因为它暗含着一种阈限性——跨越两个不同世界的可能性和在万事万物的表象之下发掘潜藏其中的神秘现象的可能性。

左图 这块墓碑上的文字是不言而明的，但其意义却不尽然：多莉之死意味着"凯尔特康沃尔"已经成为过去。

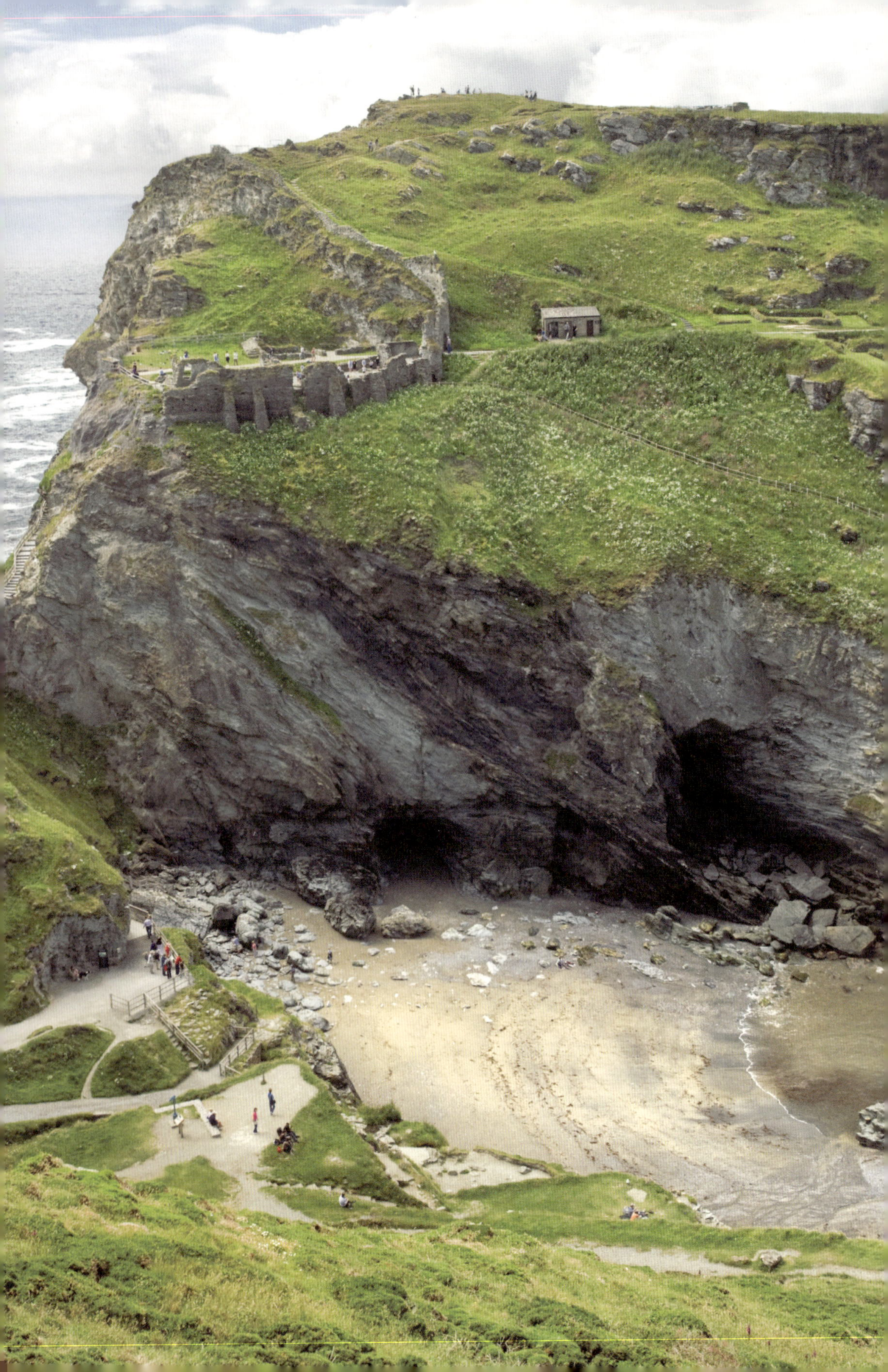

第六章

凯尔特遗产

对于当今的读者们来说，凯尔特传说可能显得非常遥不可及，它的意义模糊不清，神话中的意象捉摸不定。然而，其中蕴含的纯粹的抒情风格和强烈的渴望却不断吸引着我们的注意力，并对现代思想保持着不可抗拒的控制力。

康沃尔郡北海岸的廷塔杰尔城堡似乎确曾是一处铁器时代的定居点，这使得凯尔特人曾在此居住过的事实似乎无懈可击。但是，通过考古发现的确凿证据只不过是几块陶器碎片而已。壮丽的廷塔杰尔城堡耸立在悬崖之上，常年经受着暴风雨的洗礼，看起来太过于传奇而不够真实。但这并不奇怪，因为我们今天所见的廷塔杰尔城堡是十九世纪新亚瑟王时期的杰作；因而可以说，廷塔杰尔城堡就是凯尔特遗产的缩影：隐匿在一个共鸣世界背后的缥缈现实。

这是否抹杀了整个凯尔特遗产的价值？是，也不是。是，如果我们以为维多利亚时代的仿制废墟能忠实地反映铁器时代的现实；不是，如果我们准备相信这样的现实可能会随着时间的推移而被重新——而且相当合情合理地——加以想象。正如我们所知道的那样，由于凯尔特人主动选择做目不识丁的文盲，他们与古代"历史"的关系从一开始就显得十分奇怪和尴尬；凯尔特人几乎总是不得不通过他人的眼睛来得到认识。然而，反过来看，正是由于缺乏对凯尔特史实（如对希腊或罗马史实那样）更明确的记录，凯尔特人才成为西方文化中一种虚幻的——甚至是潜意识的——存在。更何况，传奇故事中也有现实的影子。廷塔杰尔城堡的确是一些古老的

左图 廷塔杰尔城堡位于康沃尔郡北海岸边的悬崖之上，其所处的险要位置和已经残破不堪的宏伟结构同样引人注目、令人赞叹。

亚瑟王宫廷故事的重要组成部分：据《不列颠诸王史》记载，亚瑟王实际上就是在这里长大的。廷塔杰尔城堡也是特里斯坦和伊索尔德故事中的重要场所。这是有史以来最感人肺腑、最充满激情的爱情悲剧之一。我们现在所熟悉的版本是理查德·瓦格纳的歌剧《特里斯坦和伊索尔德》。这部歌剧创作于十九世纪五十年代，改编自戈特弗里德·冯·斯特拉斯堡在十三世纪用古高地德语撰写的故事。在这个故事中，廷塔杰尔城堡并不是亚瑟王的王庭所在地，而是康沃尔国王马克的王庭。国王马克派年轻英俊的侄子特里斯坦去爱尔兰带回国王即将迎娶的新娘——年轻美丽的公主伊索尔德。两个人

右图 据说，神话般的统治者亚瑟王于537年在康沃尔斯劳特布里奇被暗杀。这块石板真的标志着他的坟墓就在此处吗？

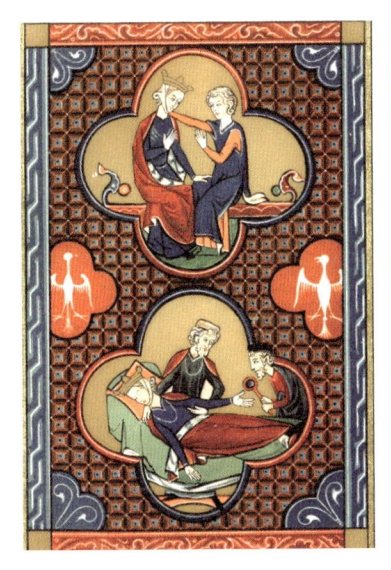

左图 克里格斯（左边）的爱情故事讽刺了特里斯坦故事中理想化的通奸（右边）；在这里，他们同时呈现在两张对开的图画中。

彼此吸引：一个是活泼热情的少女，一个是英俊潇洒的年轻骑士，怎么可能不被对方吸引呢？但他们知道，规矩和礼节必须遵守，忠诚和荣誉都不允许他们在一起。然而，在漂洋过海的归途中，他们不小心喝下了爱情药水，从而疯狂地爱上了彼此：当他们抵达廷塔杰尔城堡时，俨然已经成为热恋的爱人。国王马克的新娘已经不再贞洁。但是，国王一直被蒙在鼓里，如期和伊索尔德结了婚。伊索尔德婚后依旧和特里斯坦保持着暧昧关系。

套用一句老话来说，为何在感情上如此正确的事情却错得如此离谱呢？当然，爱情药水发挥了关键作用。冯·斯特拉斯堡的故事版本尤其强调了这一点：因为喝了爱情药水，这对年轻的恋人才尽情释放了他们的激情，而不必屈从于道德的束缚。尽管特里斯坦和伊索尔德的故事有多个各不相同的版本，而且在大多数版本中，他们的结局都很糟糕（特里斯坦死了，伊索尔德也死了），但不管怎样，他们深爱着对方，这似乎弥补了结局的不美好。当然这也是瓦格纳版本的第一批观众心中的美好愿望——在歌剧的尾声部分，当哀痛不已的伊索尔德抱着特里斯坦的尸体，心驰神摇地唱完咏叹调"情死之歌"后，观众们仍然沉浸其中而不能自拔。

规矩和礼节必须遵守，忠诚和荣誉都不允许他们在一起。

第六章
凯尔特遗产

上图 理查德·瓦格纳用神话素材创作了令人惊叹的歌剧。如果说这些作品是令人陶醉的,那也可以说,它们往往是致命的。

下图 瓦格纳的歌剧《帕西瓦尔》揭示了亚瑟王神话中看似骑士精神的表象下所暗藏的黑暗而令人不安的一面。

瓦格纳敲响的警钟

毫无疑问,瓦格纳发出了警告,但也激发了灵感——更令人心醉神迷的是,他的作品唤起了人类心灵的想象力,而且超越了我们现有的理解力。尽管让我们意识到理解的局限性并不会对我们造成任何伤害,但那些秉持非理性主义的人往往很快就会把正统礼仪抛诸脑后。瓦格纳的反犹太主义是肮脏的,其程度丝毫不亚于他在音乐方面的崇高造诣。很显然,他的歌剧作品吸收了古代凯尔特人和日耳曼人的神话,以规避现代史学的正常做法。大约半个世纪后,希特勒和希姆莱不费吹灰之力就在瓦格纳的歌剧中找到了一种基础,用以支撑他们全新、由暴力和种族主义主导的民族主义。

《帕西瓦尔》(1882)是取材于凯尔特传说的另一部歌剧。瓦格纳在这部歌剧中讲述了亚瑟王带领他手下的骑士们寻找圣杯的故事。故事主要讲述了亚瑟王手下的骑士们——尤其是帕西瓦尔爵士——如何对抗巫师克林莎公爵领导的黑暗反骑士团,有人认为克林莎是瓦格纳眼中犹太人腐蚀性毒性的象征。这种推论并非不可能。但值

得铭记的是，即便像古斯塔夫·马勒这样伟大的犹太作曲家也无法摆脱《帕西瓦尔》的控制。还有一些人则利用了凯尔特文化中的浪漫"野性"，但没有像瓦格纳那般走极端。例如，在维多利亚时代，沃尔特·司各特爵士的小说风靡整个欧洲、北美洲及当时世界上的大部分地方，激发了他人的创作灵感，所以当时出现了无数的诗歌、戏剧和歌剧。尽管这些人愿意接受对"苏格兰性"持有刻板印象且基本上为贬低态度的评判，但他们留下的最具破坏性的遗产，是一群愚蠢的"鞑靼人"和一罐罐寡淡无味的黄油甜酥饼干。司各特以一种特别有趣的方式将凯尔特元素融入了现代苏格兰文化，从而给当时沉闷的英国文化注入了生机和活力。一方面，英国以其皇家海军和殖民部队树立了我们今天所谓的"硬核"形象，且其经济实力得到了当时世界上最为先进、最为繁荣的工业产业的支持；另一方面，英国还通过提升更为浪漫和神秘的"凯尔特"文化而赢得了重要的"软实力"。维多利亚女王建造的巴尔莫勒尔城堡，风靡一时的苏格兰乡村舞蹈，跟在轻快的风笛乐队后面、穿着苏格兰方格呢褶裙、系着毛皮袋（苏格兰民族服装的组成部分）的士兵游行队伍……所有这一切都为世人眼中的英国形象增添了色彩。

上图 沃尔特·司各特爵士对苏格兰传奇的种种可能性进行了富有想象力的诠释，从而帮助凯尔特思想获得了新生。

傲视凯尔特人

在马修·阿诺德的文章《凯尔特文学研究》（1866）中，我们可以找到十九世纪关于凯尔特文化的更深思熟虑的思考，但不一定更深入或更可靠。阿诺德的基本观点是，凯尔特人有强烈的抒情本能，但缺乏创作更伟大或更持久文学作品的组织能力。这一看法巧妙地概括了英国人对爱尔兰、苏格兰和威尔士文学的普遍态度。就连早期的评论者也注意到了，阿诺德对他所讨论的文学遗产所使用的语言缺乏任何实际知识。更重要的是，他并不认为这种缺陷是什么严重的障碍。直到二十世纪初，才有一位评论家阿道夫·威廉·沃德指出，在这种情况下，阿诺德的奥林匹亚式宣言就像"我们在文学评论中所看到的那种如履薄冰式的冒险活动"。

右图 对于许多英格兰人来说，残酷的讽刺是爱尔兰的饥荒只是更加突显了凯尔特人孩童般的无助。

但是，阿诺德的态度中所隐含的优越感在英格兰对十九世纪四十年代爆发的爱尔兰大饥荒的反应中表现得更令人不安。一种名为疫霉菌的疫病直接造成了1845年（及以后几年）的马铃薯歉收，引发了一场大饥荒，最终造成了一百万人死亡、一百多万人乘船移

种族理论

十九世纪的许多人曾对种族理论煞费苦心，但现在看来，种族理论就像用科学术语伪装出来的陈旧偏见。但反过来看，这样的论调可能也有几分道理。在英语口语中，"威尔士"（"welsh"）一词被当作动词使用时所表达的意思是"打赌时赖账或背信弃义"，尽管这种用法只能追溯到十九世纪六十年代，但在十二世纪诺曼主教威尔士的杰拉德（见上图）那严肃冷静而又看似学术的评论中早已提及。

他表示，威尔士人极少信守诺言，因为他们想法多变，其程度犹如他们敏捷的身手一样；要想说服他们做错事是很容易的，而且，一旦他们开始行动，要想加以阻止也同样容易；威尔士人都是行动派，总是很快采取行动，但若因所做之事遭受谴责时，他们却又冥顽不化——他们唯一坚持的事情就是不断改变主意。

由此可见，凯尔特人天真无邪，但他们可能缺乏一种基本稳定的心态（我们以此来区分成年人和幼儿）。这种看法是盎格鲁-撒克逊文化所坚持的为数不多的观点之一。

民到了异国他乡（在这个过程中，爱尔兰仅存的盖尔语凯尔特文化遭到了严重破坏）。然而，造成这种后果的爱尔兰人本质上是一个叛逆而又无能的种族，不应助长其依赖性。随着时间的流逝，到了二十世纪，对爱尔兰土地持有方式的愤怒仍在继续。乡村一级的村级土地动乱（以及在更广范围内，像芬尼安人这样的革命团体的行动）仅仅证实了盎格鲁－撒克逊人对爱尔兰人的看法，即爱尔兰人往好的说是急性子，往坏的说就是一群不可救药的野蛮人。

移民和流放

十九世纪的标志性事件不仅仅是种族理论和殖民主义的兴起，还有自由资本主义的兴起。教条式自由市场原则构成了英国政府对爱尔兰大饥荒不作为的基础，大大加剧了自由资本主义的近期及长期影响。几个世纪以来，欧洲西部边陲更贫瘠的土地上：这是世界上最先感受到欧洲大陆所有经济危机影响的地方。紧随爱尔兰人横渡大西洋的移民潮而来的，是加利西亚人和布列塔尼人的移民潮。

当然，更多的移民来自"高地圈地运动"* 如火如荼的苏格兰。与爱尔兰的情况一样，苏格兰的现代经济正统观念正严重破坏着古老的生活方式：经过多个世纪的打击，传统的宗族制度正在土崩瓦解。然而，这一次，并不是来自英国的精英入侵者们正在摧毁古老的凯尔特文化，而是高地的酋长们自己正在抛弃古老的生活方式。为了获取私人财富和奢侈的享受，酋长们在自己的领地上圈地养羊，很快驱逐了成千上万的佃户，而那些佃户都是他们昔日的族人。

* 指18和19世纪苏格兰人因牧羊圈地而被迫背井离乡。——译者注

这些时代涌现的一代代凯尔特作家和艺术家的文化成果具有如此强烈的小调特征，这一点不足为怪。加利西亚诗歌中甚至有一个词用来形容这种标志性渴望的小调：索达德（saudade）。"一切都是无声的沉默、悲伤和痛苦"，那片土地上最伟大的诗人罗莎莉娅·德卡斯特罗写道，"在曾经只有满足和欢乐的地方"，不再有熟悉的声音，丧亲之痛和流亡的空虚，也不再有难以形容、几乎无法

上图 罗莎莉娅·德卡斯特罗（1837—185）从小讲西班牙语，但却选择用加利西亚语写作。她将"索达德"一词写入了自己的诗歌中。

吟游诗人与骗子

伊奥洛·摩根（或爱德华·威廉姆斯，这个名字没那么令人印象深刻）之于威尔士，就如同詹姆斯·麦克弗森之于苏格兰一样。从各方面来看，他是第一位现代威尔士语吟游诗人。他既是才华横溢的天才，也是彻头彻尾的骗子，很难确定哪一个才是更加真实的他。他"发现"的许多中世纪手稿在他死后都被证明是伪造的，但可以说，是他"重新发明"了威尔士语，并将之改造成了一种现代的文学语言。

十八世纪七十年代，威廉姆斯——也就是摩根——前往伦敦，开始涉足当时规模尚小但未来可期的威尔士语古文本与文学研究领域。那时候，奥西恩丑闻已经被披露，但真正的艺术爱好者是不会因此气馁的。摩根与志同道合的伙伴们一起帮助推动了他们国家在威尔士本土举办的首个"艾斯特福德节"。在节日期间，人们可以通过音乐表演、诗歌朗诵和舞蹈来歌颂威尔士文化。因此，他们为1789年在巴拉举行的首届全国"艾斯特福德节"铺平了道路。

尽管"艾斯特福德节"具有很高的价值，却在十八世纪末逐渐消失了，因为普通的威尔士人认为没有必要参与其中。似乎只有当他们觉得自己受到了撒克逊人攻击时，威尔士人才会积极组织起来保卫自己的民族和文化。运动的起因是一份表面看来不太可能成为导火索的出版物：《威尔士教育状况调查委员会报告》。这是1847年发布的一本政府"蓝皮书"（指官方出版物，因其封面的统一颜色而得名），但作者使用了一些显然有违议会规则的语言来表达自己的观点。作者表示（或者，因为是政府的官方政策的制定者，所以更确切地说，从立法角度指出）：威尔士是"原始的闭塞之地，威尔士人愚昧无知且缺乏道德"；威尔士语"教育"正严重阻碍英国的发展。他进一步提出：现在，英语已经成为教学的媒介，因此，为了鼓励学生在接下来的几年里更好地践行英语学习，应该采取措施来对付那些沉迷于威尔士语的孩子：在他们的脖子上挂上一块小牌子，在上面写明"勿说威尔士语"。（公平地说，语言并不是威尔士唯一的问题：在英国圣公会的官员们看来，就算人民拒绝遵从国教的宗教观点，也无济于事。具有讽刺意味的是，他们根深蒂固的新教观点似乎也使他们自己深受折磨，就像罗马天主教对爱尔兰农民的折磨一样。）所谓的"蓝皮书的背叛"似乎做到了摩根和他的同伴们没能做到的事情：在威尔士这块土地上开启了一场文化复兴运动。

忍受的思乡之情：这就是这一时期留给加利西亚人的所有遗产。凯尔特外缘作家们也将表达同样的思绪。那些即将成为一个广泛存在的离散群体的人同样如此。"一半的加利西亚人都流亡在外"，加利西亚语小说，曼努埃尔·里瓦斯的《一切都是沉默》（2010）中的一个人物如是说。

接下来，里瓦斯描述了一所旧校舍——发生在海边的小村庄，旧校舍就位于这个小村庄外面：它似乎被大自然"支撑着"，"那是一处想要消失但却无法消失的废墟；墙上的常春藤将它紧紧地绑在一起，而不是将其劈开。那是一种一切都颠倒了的感觉，一种所有东西都由内向外翻转的感觉，一种眼前的现实在某种意义上由超现实的东西所构成的感觉，一种这个国家在某种意义上是由流亡者组成的感觉"——这是这片土地上所有民族共有的感觉，也代表着凯尔特历史的另一种更深层次的延续。阈限，即两个维度之间的边界，再次成为凯尔特审美观的核心。

《李尔王的孩子们》

或许，正是因为某种渴望，才使得凯尔特人的影响依然激荡在现代人的脑海中。就此而言，马修·阿诺德是正确的：尽管他的观点给人一种居高临下的感觉，尽管他的结论完全不具备任何学术性，但毫无疑问，引人想象的，正是我们所以为的凯尔特抒情风格。无论凯尔特神话在史诗般冒险和高雅喜剧等方面取得了怎样的成就，它总是表现出一种徒然的悲伤；然而，正是这种悲伤尤其打动着现代人的灵魂。最动人的凯尔特神话之一就是《李尔王的孩子们》。故事从一个名叫博德·德格的人说起。我们曾在《劫掠库林之牛》的故事中见过博德的身影。他是芒斯特王国的国王。很不幸的是，他手下有个名叫鲁希特的猪倌。这人与死对头（即猪倌弗里赫）大吵了一架，最终引发了一系列混乱。

博德作为达格达的儿子，是达努神族的后裔——并继任了达努神族的国王。但是，博德的权威受到了一个不起眼的国王曼南·麦克·李尔的挑战，后者的王国位于韦斯特米斯。虽然看起来不像是

右图 奥伊辛·凯利的雕塑作品"李尔王的孩子们",位于都柏林的纪念花园,以纪念那些在爱尔兰自由斗争中牺牲的人。

一位不列颠凯尔特国王,但李尔(Lir)这个名字让人联想到古老的海神莱尔(Ler)和威尔士海神勒耶尔(Llyr);同时也让人联想到莎士比亚笔下一位不幸的父亲。为了安抚李尔王,博德·德格把自己的女儿奥布嫁给了李尔王。他们的婚姻十分幸福美满,夫妻俩一共生育了四个孩子:孪生姐弟斐安尼奥拉、奥德赫及孪生兄弟菲奥切拉、康恩。

后来,奥布撒手人寰,全家人为此陷入了极度的悲痛。为了让外孙们振作起来,也为了维持与李尔王的政治联姻,博德·德格把奥布的妹妹奥菲嫁给了李尔王。奥菲这个名字的意思是"美艳夺目"。然而,尽管奥菲的确美艳不可方物,但她的性情却十分阴郁,("奥菲"也曾出现在其他神话中,其中最值得一提的是斯卡塔赫那个好战的双胞胎姐姐;还有就是库丘林的情人,两人还生了一个命途多舛的儿子康拉。)婚后的日子很不好过。在这个家里,虽然伊人已逝,但无论丈夫对妻子的思念还是孩子们对母亲的想念,都是那么深入骨髓。

被放逐到天际

　　奥菲很快就彻底从亲爱的姨妈变成了"恶毒的继母"。在她看来，若不是那几个该死的孩子，自己肯定会拥有美满幸福的婚姻。因此，她就像着了魔一般，费尽心机想要摆脱那几个孩子。最后，她下定决心：必须除掉姐姐和李尔王的孩子们。有一天，她带着孩子们到博德的宫廷里去拜访他们的外祖父。在途中，她吩咐身边的仆人杀掉那四个继子继女。仆人愤怒地拒绝了。奥菲勃然大怒，想要亲自动手。但是，尽管她怒火中烧，却没有胆量这么做。她怀恨在心，下定决心：一定要让几个孩子永远消失，决不让他们继续干扰自己的生活。于是，她将孩子们诱骗到了湖边，在一名德鲁伊帮助下将他们变成了天鹅，放逐到空中与鸟儿们一起飞翔。此外，她还命令变成了天鹅的孩子们：必须在他们父亲城堡附近的德拉瓦拉湖的水面上和芦苇丛中待三百年；然后，再飞到最遥远的北方，在苏格兰金泰尔和爱尔兰安特里姆海岸之间的莫伊尔海中待三百年；最后，再往西飞到梅奥海岸附近那个辽阔的达斯鲁瓦达康海湾（恰好是鸟类和野生动物保护区）去，在那里待三百年。奥菲说，直到那时，他们才能在近海的伊尼斯格洛拉岛上获得自由。她向孩子们保证："天堂的钟声"会召唤他们。

　　九百年过去了，就像上天注定一般，伊尼斯格洛拉这个岩石密布的偏僻岛屿成了航海家圣布伦丹的隐居之地。圣布伦丹曾乘坐皮革圆舟横渡北大西洋，最终抵达了冰岛（有学者认为，他甚至抵达了美洲）。他因为这次史诗般的航行而闻名遐迩，也因为在爱尔兰传教而地位显赫。据说，一天早晨，他正沿着伊尼斯格洛拉海滨散步，忽然看见岸边的水里有四只悲伤的天鹅。就在这时，教堂里的钟声敲响了。刹那间，李尔王的孩子们被从奥菲的咒语中解救了出来；他们恢复了人形。当然，他们此时已经九百多岁，不再是"孩童"，而是活着的"木乃伊"；所以，他们一恢复人形就死了，身体瞬间化为了尘土。但是，这样一来，他们至少可以按照当时盛行于爱尔兰的新基督教仪式下葬，有人为他们做祷告，因而有望归于尘土，得到安息，得到复活。

右图 一则中世纪神话中讲道，在一头鲸鱼的帮助下，圣布伦丹和他的伙伴们在大海深处的海面上一起做弥撒，没有遇到任何危险。

灵魂的沉睡

在这个故事的某些版本中，这些孩子们的拯救者是爱尔兰的守护神圣帕特里克。不过，究竟是谁拯救了他们其实无关紧要。显然，重要的是，孩子们摆脱了奥菲的咒语象征爱尔兰摆脱了异教、黑暗和罪恶。被变成天鹅的孩子们所经历的困境象征着爱尔兰精神的沉睡。在接下来的几个世纪里，爱尔兰的爱国人士将感到他们的国家又陷入了沉睡，因为他们觉得自己对英国人的政治态度过于消极。因此，民族主义者借用了浪漫主义抒情诗人托马斯·莫尔改编的《李尔王的孩子们》当中的《斐安尼奥拉之歌》(1811)：

哦，莫伊尔，让你咆哮的湖水沉默吧，

微风啊，不要破坏你的睡眠，
李尔王孤独的女儿，悲伤地喃喃自语
向夜晚的星星讲述她那悲伤的故事。

什么时候，吟唱着死亡之歌的天鹅
才会收起翅膀，在黑暗中沉睡？
什么时候，天堂里才会响起甜美的钟声，
将我的灵魂带离这暴风雨肆虐的尘世？

哦，莫伊尔，让我在你冬日的波浪里悲伤地哭泣吧
命运要我蹉跎多年；
但艾琳仍在黑暗中沉睡，
黎明时分的纯洁之光依旧迟迟不归。

什么时候，启明星才会缓缓升起
用和平与慈爱温暖我们的小岛？
什么时候，天堂里才会响起甜美的钟声，
将我的灵魂召唤？

在詹姆斯·乔伊斯创作的《护花使者》（又译《两个浪子》，见短篇小说集《都柏林人》，1914）中，这首歌的旋律是由都柏林的一位街头竖琴师演奏的。颇为讽刺的是，当旋律响起时，两个"护花使者"正在轻蔑地谈论着某个年轻的"骚货"。爱尔兰"沉睡"其中的"黑暗"可能是殖民主义的压迫，也可能是小资产阶级的庸俗主义和自鸣得意的平庸，或者来自那两个"护花使者"对年轻"骚货"的评论所代表的自鸣得意和粗鲁不堪。在其于1912年创作的讽刺诗《煤气》中，乔伊斯戏称，爱尔兰本身就是一个"继母"；在1922年出版的《尤利西斯》中，主人公斯蒂芬·迪达勒斯忏悔道："历史是一场噩梦，我正努力从中醒来。"

凯尔特的天鹅之歌

威廉·巴特勒·叶芝的朋友奥古斯塔·格雷戈里夫人在戈尔韦郡的库尔有一座环境幽雅，充满贵族气息的乡间庄园。叶芝在这里散步时看到了一群美丽的天鹅，立即联想到了一种永恒的自然之美。那就是，无论人一辈子历经多少次沉浮，无论生死轮回，即便爱情逝去、青春不再、幻想破灭、时光无情地流逝，自然之美都是一种永恒的存在。每当秋风乍起、万物凋零之际，叶芝都会来到库尔庄园，从"映照着静谧的天空、盈盈的水边"走过，看那群历经斗转星移却似乎未曾改变丝毫的天鹅，不禁若有所思：

> 我曾见过这些高贵的精灵，
> 此刻却心怀惆怅。
> 一切都变了；自从某个黄昏
> 在这岸边，我初次
> 听到头顶的振翅声
> 而不由地放轻脚步。
>
> 它们永不厌倦，依然比翼，
> 时而游弋，嬉戏于冰澈的清溪，
> 时而展翅，翱翔至天际；
> 它们依然青春，依然激昂；
> 满怀壮志与激情，飞向四方，
> 始终相伴相随，日久天长。

——《库尔的野天鹅》，1917）

奥古斯塔·格雷戈里夫人曾亲自将许多爱尔兰神话翻译成英语，其中就有《李尔王的孩子们的命运》（1905）。虽然叶芝在这首诗中从未明确提及这个传说，但是，当我们读这首诗时，"李尔王的孩子们"的传说就会自动浮现在我们的脑海中。最终，或许这就是凯尔特传说在当代人的意识中所发挥的作用，而且令人觉得矛盾的是，相较于明示而言，这种作用的影响力显然要强大得多。同样地，正是因为我们对凯尔特传统的了解有限，其影响才更为深远；正是因为凯尔特传说总是不够完整、不够成熟、且前后不够一致，有时甚至完全无法理解，才会永远萦绕于我们心中，挥之不去。凯尔特神话似乎穿过层层迷雾向我们走来，若隐若现的外形和捉摸不定的意象却更添其魅力，引起我们更持久的共鸣。就此而言，凯尔特神话是最具现代性的。是的，凯尔特神话就在我们身边。

下图 天鹅（或者精灵）在库尔公园的溪水中游弋。凯尔特传说展现了一个神奇、充满魔力的世界。